기업은 이런
인재를 원한다

KI신서 1713

기업은 이런 **인재**를 원한다

1판 1쇄 발행 2009년 3월 27일
1판 6쇄 발행 2012년 4월 1일

지은이 신상훈
펴낸이 김영곤 **펴낸곳** (주)북이십일 21세기북스
부사장 임병주 **출판개발실장** 주명석
기획편집 박영미 황상욱 김정규 **구성작가** 류재운 허영미 **디자인** 박선향
마케팅·영업본부장 최창규 **영업** 이경희 정병철 **마케팅** 김현섭 김현유 강서영
출판등록 2000년 5월 6일 제10-1965호
주소 (우413-756) 경기도 파주시 문발동 파주출판단지 518-3
대표전화 031-955-2100 **팩스** 031-955-2151 **이메일** book21@book21.co.kr
홈페이지 www.book21.com **트위터** @21cbook **블로그** b.book21.com

값 10,000원
ISBN 978-89-509-1772-2 03320

　대학생들을 자주 만나는 일을 하다 보니 괜히 그들의 생활에 참견을 하고 싶었다. 평가자의 입장에서 보면 장점보다는 단점이 먼저 눈에 들어오기 마련이다.

　"왜 저럴까……."

　"시간이 결코 많지 않을 텐데."

　'아쉬움'과 '안타까움'이 결국 한권의 책이라는 사고(?)를 친 계기가 되었다.

　요즘 대학가에는 경기침체와 함께 학적 연장이라는 신풍속도가 빠르게 확산되고 있다. 휴학을 하지 않고 졸업을 미루기 위해 일부러 특정 과목에서 F를 받아 다음 학기에 이 과목만 별도로 이수하는, 이른바 '생계형 계절학기'를 하는 이들이 늘고 있다.

필자도 최근 졸업을 미루고 싶다는 상담 전화를 심심치 않게 접했다.

당연히 당사자들 입장에서야 최후에 내리는 어쩔 수 없는 선택이겠지만 정상적으로 학기를 마치고 취업을 하는 사람들과 비교하면 궁색해 보이는 것은 어쩔 수 없다.

그래서 나는 이 책에서 '기본'을 강조했고 '목표관리'에 비중을 뒀다.

내가 말한 기본의 대표적인 예가 바로 인사다. 어디서든 인사만 잘 해도 50점은 먹고 들어간다. 능력이 조금 모자라도 언제나 생글거리며 인사를 잘한다면 그 사람에게 대놓고 싫은 소리를 할 사람은 없다. 물론 업무적인 측면에서 '선의의 조언'이야 있을 수 있겠지만 그 사람의 인간성을 욕할 사람은 없다는 말이다. 하지만 제아무리 업무능력이 뛰어난 사람이라 할지라도 윗사람을 보고 소 닭 쳐다보듯 눈만 꿈뻑일 뿐이라면, 그리고 동료를 보아도 뭐 씹은 표정만 짓고 있다면 누가 그를 예뻐하겠는가. 특히 이제 갓 들어온 새파란 신입이라면 이는 '찍히기' 딱 좋은 대상이다. 실제로 한 취업 포털사이트의 조사에서 '직장인들이 싫어하는 유형의 부하직원' 1위가 인사도 잘 안 하고 예의가 없는 '무례형'이라는 결과가 나오기도 했다.

사람은 혼자 살 수 없는 존재다. 결국은 누군가와 더불어 살아야만 자신의 존재가치를 인정받을 수 있다. 때문에 예절은 타인에 대한 배려이기 이전에 나의 가치를 인정받을 수 있는 가장 기본적인 행위다.

중국의 유교경전 중 하나인 『예기』에는 "앵무새가 아무리 말을 잘 한다고 해도 새일 뿐이고, 원숭이가 아무리 흉내를 잘 낸다 하더라도 역시 짐승에 지나지 않는다. 사람 또한 아무리 훌륭한 말을 한다고 해도, 사람으로 갖추어야 할 예를 갖추지 못한다면 앵무새나 원숭이와 다를 것이 무엇이 있겠는가."라는 구절이 있다. 그래서 우리는 인간의 가장 기본을 검증하기 위해서라도 예절, 그중에서도 특히 인사를 챙긴다. 이런 생각은 직위가 높아질수록 더할 것이다. 내가 재직하고 있는 직장도 마찬가지다. 나 역시 누구보다 철저하게 인사와 시간엄수에 대해 명확한 기준을 제시하고 지속적인 참견을 한다. 그래서 깐깐한 상사로 소문이 나기도 했지만, 나는 그것이 결코 잘못된 것이라 생각하지 않는다.

두 번째 집중한 목표관리는 10년 뒤 각자의 모습을 준비하라는 것이다.

많은 대학생들은 10년 뒤의 모습을 상상해 보라고 하면 세계일주를 하거나 번듯한 대기업에 다니는 모습, 혹은 성공한 부자의 상징으로 좋은 집에서 바비큐파티를 하는 모습을 상상한다. 꿈은 꾼 만큼 이루어진다는 말이 괜히 생긴 게 아니다. 늘 하던 일만 하면 얻을 수 있는 것도 제한되어 있다. 기왕 꿈을 품을 바에는 크게 품고, 대신 그 꿈을 이루기 위해 그만큼 노력해야 한다.

성공학의 대가인 나폴레온 힐은 각 분야에서 성공한 사람들이 가지고 있는 공통점으로 "확고한 목표와 목표에 대한 집요함"을 이야기했다. 타고난 능력이나 천재성도 목표가 없다면 아무런 소용이 없다. 이 세상에 잠시 반짝하다 사라진 천재나 영재들이 얼마나 많은가. 그래서 어디로 갈 것인지, 또 무엇을 해야 하는지를 알아야 한다.

탐험가로 유명한 존 고다드는 15살 때, 자신이 이루고자 하는 목표 127가지를 미리 적었다고 한다. 'Explore, Study primitive cultures, Climb, Photograph, Explore underwater, Visit, Swim in, Accomplish'로 나눈 그의 'Teenage list of life goal'은 실제로 하나씩 달성되었다. 32살에 이미 104개를 달성했던 그는 자신의 인생목표를 적은 쪽지를 계속 간직하며 그 꿈들을 실현해 나간 것이다.

작심삼일이란 말이 있듯이 아무리 큰 결심을 해도 오랫동안 지켜나가기란 힘들다. 그래서 자신의 목표를 글로 적어서 매번 되새겨야 한다. 그래야만 잊지 않고 한 방향으로 갈 수 있다. 아무리 명궁(名弓)이라 해도 과녁이 없다면 무슨 소용인가. 분명한 목표가 있어야 한다. 그리고 이 목표를 이루기 위한 노력도 무조건 열심히 하자는 것이 아니라 단계별 목표와 실행 계획이 바탕이 된 노력이어야 한다.

미래의 꿈이라고 할 여러분들의 목표는 무엇인지 이 책을 통해 설정해 보길 기대한다.

2009년 2월

신상훈

Contents

머리말___04

1 기업이 탐내는 명품 대학생으로 거듭나라

01. 대학생이라면 꼭 해야 할 3가지를 놓치지 마라___13
02. 인맥 관리, 스무 살부터 시작하라___21
03. 시간 관리에 목숨을 걸어라___37
04. 나만의 스페셜 아이템을 만들어라___48

2 취업은 110m 허들 넘기다

01. 취업 준비 전 내가 진짜 하고 싶은 일부터 고민하라___59
02. 30대 기업의 채용 트렌드를 파악하라___71
03. 취업을 위한 로드맵을 짜라___80
04. 4학년, 취업 시간표를 짜라___91

3 인재(人材)가 되기 위한 핵심전략

01. 취업지수, know yourself!___101
02. 5%가 되어라___109
03. 얼리어답터가 되어라___119
04. 일하고 싶은 현장에 뛰어들어라___129
05. 10년 후 목표를 정하라___136

4 인사담당자가 밝히는 합격하는 자기소개서, 합격하는 면접 스킬

01. 첫 단추부터 잘 꿰라 – 입사지원서 완벽 정리 비법__145
02. 면접, 최후의 관문이자 첫걸음__155
03. 면접관의 마음을 훔치는 면접 스킬을 익혀라__164
04. 실패의 법칙을 비켜 가라__176
05. 약점을 당당하게 인정하라__189

5 입사한 당신을 위한 마지막 조언

01. 진정한 직장인으로 거듭나라__199
02. 첫 월급부터 재테크를 시작하라__205
03. 신입사원 6개월, 잠재력을 보여 줘라__211
04. 어디에서건 인사해라__218

기업이 탐내는
명품 대학생으로
거듭나라

01 | 대학생이라면 꼭 해야 할 3가지를 놓치지 마라

02 | 인맥 관리, 스무 살부터 시작하라

03 | 시간 관리에 목숨을 걸어라

04 | 나만의 스페셜 아이템을 만들어라

01 대학생이라면 꼭 해야 할 3가지를 놓치지 마라

　　　　대한민국은 대학공화국이라는 말이 나올 정도로 전국 곳곳에 대학이 넘쳐난다. 그만큼 취업을 준비하는 예비 경쟁자가 많다는 의미다. 게다가 쉽사리 극복되지 않는 경제난으로 인해 기업은 채용규모를 점점 줄여 가는 추세여서 취업 경쟁률은 더욱 높아져 가고 있다.

　이것은 어쩌면 기업의 입장에서는 내심 회심의 미소를 지을 만한 일이다. 10명이 지원할 때보다 100명이 지원할 때 선택의 폭이 넓어져 더욱 우수한 인재를 뽑을 수 있기 때문이다. 그런데 어쩐 일인지 인사 교류 세미나에서 만난 모 대기업 인사담당 임원은 울상을 지으며 하소연을 해온다.

　"진짜 쓸 만한 사람 뽑기 힘듭니다."

　그 임원의 말이 떨어지기 무섭게 동석한 다른 기업의 임원 역시 같은 하소연을 해댄다.

"대학에 다닌다고 전부 대학생이면 기업의 고민은 없을 겁니다."

이 무슨 모순적인 이야기인가. 대학은 넘쳐나고 대학생은 지천에 깔렸다. 더군다나 청년 실업률은 2008년 평균 7.2%로 전체 평균 실업률인 3.2%를 훨씬 웃돌았다. 취업에 목을 맨 대학생이 차고 넘친다는 뜻이다. 게다가 1년에 50만 명 정도의 대학 졸업생이 쏟아져 나오는 마당에 기업은 경제불황을 이유로 채용규모를 대폭 줄여 버렸다. 이처럼 취업 경쟁률이 점점 높아지는 상황에서 뽑을 사람이 없다니, 쉽게 이해하기가 힘들다.

좁은 문을 통과하기 위한 경쟁이 치열할수록 뛰어난 인재를 뽑을 확률이 높다는 게 상식이다. 그런데도 기업은 "쓸 만한 사람이 없다."라고 한다. 이 말은 결국 우리가 일반적으로 생각하는 '대학생'과 기업이 원하는 '대학생'이 그 의미에서 큰 차이를 보인다는 말이다.

이제는 4년제대학, 아니 명문대학이나 해외유학파라는 간판만으로는 취업을 보장받기 어렵다. 그보다 기업이 원하는 대학생이 되어야 한다. 간판에 우쭐하다간 취업자가 아닌 실업자 대열에 합류할 수 있다. 청년 실업률을 보태는 사람이 될 것인지, 아니면 당당하게 취업율 수치에 합류할 것인지는 자신의 노력 여하에 달렸다.

물론 이때의 '노력'이란 기업이 원하는 것을 제대로 파악하고 그것에 부합하는 노력이어야 함은 두말할 나위가 없다. 그렇다면 취업에 성공할 수 있는 대학생, 즉 '기업이 원하는 대학생'이 되기 위해서는 무엇을 준비해야 할까?

성적은 성실함의, 학교생활은 도전과 경험의 판단 지수다

서울 명문대학의 500석 규모 대형 강의실. 취업을 앞둔 4학년 학생들을 대상으로 나는 첫 질문을 던졌다.

"자, 여러분! 대학생이면 꼭 해야 하는 세 가지가 있다고 합니다. 뭘 해야 할까요?"

저만치 뒤쪽에 앉은 남학생이 "연애요!"라고 외치자 주위의 학생들이 모두 킥킥거리며 웃는다. 다른 한쪽에서는 "술을 잘 마셔야 합니다.", "여행이요." 등등 제각각의 답들이 쏟아져 나왔다.

"기업에서 신입사원을 뽑을 때 가장 기본적으로 보는 내용입니다."라는 힌트를 던져 주니 그제야 알겠다는 듯 나지막이 "공부요." 라고 답이 나온다.

그렇다. 대학생이라면 반드시 해야 할 세 가지 중 첫 번째는 바로 '공부'다. 대부분의 학생들은 너무나 당연한 것이 아니냐는 듯 '시시하다' 는 반응을 보인다. 하지만 어느 기업도 공부, 즉 학교 성적을 시시하게 보는 곳은 없다. 오히려 그들은 신입사원을 뽑는 중요한 기준 중 하나로 학교 성적을 꼽는다.

그렇다면 기업은 왜 학교 성적을 중요하게 생각하는 것인가. 솔직히 몇몇 전문직종을 제외하고는 회사 업무를 보는 데 있어 학과 공부는 그다지 중요하게 작용하지 않는다. 그럼에도 기업이 신입사원을 뽑을 때 빼놓지 않고 보는 것이 바로 학점이다. 4년간의 성적을 통해 지원자의 성실함을 엿보고 싶은 것이다.

성실함은 기업들이 가장 많이 언급하고, 또 첫 번째로 꼽는 신입사원의 덕목이다. 기업에서의 성실함은 곧 충성도와 연결된다. 특히 이직률이 높은 요즘 시대에는 신입사원들이 수시로 퇴사하는 바람에 기업이 곤란을 겪는 경우가 많다. 그 결과 기업의 입장에서는 성실하게, 기업을 위해 오랫동안 일을 하려는 사람에게 당연히 더 많은 점수를 주는 것이다. 그런데 성실함은 일일이 따라다녀 보지 않는 한 확인하기 힘든 덕목이다. 면접이나 자기소개서를 통해서도 확인하기가 쉽지 않다. 그래서 기업은 편의상 지난 4년간의 학점을 통해 성실함을 평가하는 것이다.

성적 다음으로 성실함을 평가할 수 있는 요소는 바로 '학교생활'이다. 좋은 성적표는 4년 동안 꾸준히, 성실하게 공부를 했다는 증빙자료로 볼 수 있지만 기업의 입장에서는 좀 더 다차원적인 평가를 하고 싶어 한다. 특히 활발한 동아리 활동이나 다양한 사회체험 등은 적극성과 원만한 대인관계의 지표로 삼을 수 있다. 그런데 의외로 다양한 학교생활을 하기보다 그저 도서관에만 처박혀 성적 관리만 하는 학생들이 많다. 비록 성적은 뛰어날지 모르지만 '외톨이 은둔형'의 사람이 될 가능성이 높아 대부분의 기업에서 꺼리기 마련이다.

대학을 다니는 동안 봉사활동이든 취미활동이든 동아리 활동은 꼭 하는 것이 좋다. 그리고 채용면접에서는 가급적 '개인플레이'를 부각시킨 자신의 공치사보다 구성원들과 함께한 '팀플레이'의 성과를 이야기하는 것이 좋다. 그만큼 팀워크와 커뮤니케이션, 대인관계 등에서 좋은 점수를 얻을 수 있기 때문이다. 게다가 리더십까지 갖출 수 있었던 학교생활이라면 더욱 좋다. 따라서 학교 때 동아리나 모둠 활동에서 리더십이나 팀워크를 중요한 가치로 여기고 활동해야 한다. 다양한 사회체험이나 여행 등의 경험도 좋은 점수를 얻는 '학교생활'이다. 우물 안의 개구리를 벗어나 조금이라도 더 '바깥세상'을 향해 눈을 돌린 학생의 도전의식과 경험치는 가산점을 받기에 충분하기 때문이다.

대학은 사회로 나오기 바로 전 단계로 볼 수 있다. 그래서 대학을 단순히 학문탐구의 장으로만 보고 '나 홀로 도서관'을 고집했다가는 사회로 한 발 내딛는 그 순간부터 혼란을 경험하게 될지도 모른다. 각종 동아리 활동과 다양한 사회체험 등은 단순한 흥미와 재미 외에도 도전과 경험이라는 소중한 자산을 남겨 준다. 게다가 강의실과 도서관에서 눈인사만 하고 지내는 선후배 관계가 아닌, 함께 계획하고 도전하는 다양한 이해관계를 경험해 볼 수도 있다. 이러한 다양한 경험은 사회로 진출했을 때 좀 더 현명한 처세, 우수한 업무능력, 리더십 등으로 그 진가가 발휘된다.

혼자 책상에 틀어박혀 연구만 하는 직종은 드물다. 결국 나 아닌 다른 사람과 어울리고, 같이 협동해 나가면서 공동의 목표를 수행하는 것이 기업이며 사회다. 그래서 기업은 신입사원을 뽑을 때 대외관계와 친화력을 경쟁력으로 인정하기도 한다.

봉사는 선택이 아닌 책임과 의무다

두 번째까지는 어렵지 않게 대답이 나왔다. 그런데 세 번째는 도통 답이 나오질 않았다. 그래서 나는 세 번째 질문에 상품을 내걸었다. 내 윗저고리 주머니에는 강의 때 퀴즈 상품으로 주기 위해 항상 가지고 다니는 7만 원짜리 백화점상품권이 있다. 하지만 지금껏 한 번도 그 상품권을 타 간 학생은 없었다. '혹시' 하는 기대로 여기저기서 손을 들며 발표를 했지만 내가 생각한 답이 나오지는 않았다.

나는 '사회에 기여하는 사람이 되어라. 봉사를 통해' 라고 아예 칠판에 답을 적어 주었다. 그제야 "아하!" 하는 탄식 소리들이 들려 온다.

"모차르트와 셰익스피어 작품에 눈물 흘리는 자 많아도, 내 주위 아픔에 눈물 흘리는 자 과연 얼마인가."

내가 대학시절에 학교 화장실 벽에서 발견한 낙서다. 그것은 당시 나에게 신선한 충격으로 다가왔다. 후에 안 일이지만 그 글귀는 이념이 대립하던 시절, 소위 운동권 학생이라면 '교양필수' 정도로 여기던 『난장이가 쏘아 올린 작은 공』이라는 책의 한 대목이다.

봉사활동. 대학생이라면 반드시 해야 할 일 세 가지 중 마지막 하나다. 봉사활동의 가장 큰 취지는 물론 '내 주위 아픔에 눈물 흘리는 자' 가 되는 것이다. 하지만 이런 좋은 취지가 좋은 결과까지 낳게 되면 더없이 행복한 일이지 않은가. 각 기업에서 신입사원을 뽑을 때 중요하게 보는 몇 가지 중에 '사회봉사 경험' 이 반드시 포함되니 말이다.

기업에서 이렇듯 봉사활동 경험을 중요하게 생각하는 이유는 '더불어 사는 법'을 깨우치라는 의미이다. 이는 곧 봉사활동 경험을 통해 공동체에 대한 책임과 의무를 다하는 사람인지를 보겠다는 뜻이기도 하다. 물론 지금까지는 기업들이 봉사활동을 면접의 참고자료로만 활용했고, 가산점을 부여한 회사는 2008년 상반기 기준으로 100대 기업 가운데 8%에 불과하다고 한다. 그러나 8%가 어디인가. 요즘 같은 취업난에는 단 1%의 희망을 위해서도 발바닥에 땀이 나도록 뛰어야만 선택받는 영광을 누릴 수 있다.

봉사활동 경험의 중요성은 앞으로 더욱 커질 것으로 전망된다. 전경련은 기업이 대졸 신입사원을 채용할 때, 아예 입사원서에 봉사활동 내역 등을 기재하여 입사전형에 반영하도록 회원사에 권고했다. 게다가 공공기관의 경우에는 30%가 넘는 곳에서 신입사원을 채용할 때 봉사활동 경험자를 우대하고 있다. 그동안 봉사활동이 전체 기업들의 입사전형에 반영되지 못했던 이유로는 봉사활동을 검증할 수 있는 객관적인 증빙자료가 없다는 게 가장 컸다. 하지만 앞으로는 각 기관이나 단체, 기업 차원의 봉사활동에 참여하면 그 증빙자료를 발급받을 수 있기 때문에 봉사활동에 가산점을 주는 기업이 점점 확산될 것으로 보인다.

봉사활동이라고 하면 흔히 고아원이나 양로원 등에 가서 아이들을 돌보고 할아버지, 할머니를 시중드는 것만 떠올리기 쉽다. 하지만 봉사활동의 영역은 생각보다 다양하다. 그중에는 자신의 전공이나 장기를 살려 봉사를 하는 영역도 있다. 예를 들어 중앙아시아에 가서 한국어를 가르쳤던 국문학 전공 학생, 고령자나 소년소녀 가장에게 공부를 가르치는 컴퓨터나 외국어 전공 학생이 바로 그런 경우다. 봉사활동에 대해 좀 더 구체적으로 알고 싶다면 '사회복지봉사활동 인증센터'나 '한국자원봉사센터협회', 무주택자에게 집을 지어주는 '한국 해비타트' 등을 통해 알아볼 수가 있다. 이 외에도 한국복지재단 등을 이용하면 좋다.

21세기 기업은 주어진 일만 묵묵히 수행하는 사람을 원하지 않는다. 창의적이고 능동적인 인재를 원한다. 도서관에만 머물러 있던 학생은 조직과 사회를 알 수 없다. 공부에 쏟는 노력만큼 사회경험에도, 봉사활동에도 열정을 나누어 주어야 한다.

2008년 7월에 나온 전경련의 자료에 따르면, 국내 주요기업이 원하는 인재상의 가장 중요한 자질은 '도전정신과 성취의식'이라고 한다. 그 다음은 '도덕성과 올바른 가치관', '협동성과 조직 적응력' 순이다. 이런 자질이 있다면 얼마든지 지식이나 기술을 획득해 나갈 수 있다는 생각에서다.

대학은 캠퍼스의 추억거리를 만들기 이전에 나를 완성시켜 가는 공간이다. 그 속에서 진정한 대학생으로 거듭나는 것이야말로 기업과 사회가 요구하는 인재로 발돋움하는 길이다.

02 인맥 관리, 스무 살부터 시작하라

　　　　제아무리 잘난 사람이라고 해도 독불장군으로 세상을 살 수는 없다. 군이 아리스토텔레스의 "인간은 사회적 동물이다."라는 말을 들먹이지 않더라도 결국 사람은 다른 사람과 얽혀 관계를 맺으며 살아가게 되어 있다.

　사람 간의 잘 맺어진 유대관계, 즉 인맥은 든든한 자산이기도 하다. 당장 눈앞의 리포트 하나를 위해서도 우리는 "이럴 때 괜찮은 선배 한 명만 알고 있더라도 도움이 될 텐데." 하면서 사람을 아쉬워한다. 이러한 인맥의 도움은 취업을 준비하는 과정에서 더욱 그 진가를 발휘한다. 물론 취업청탁 등의 부정한 도움을 이야기하는 것은 아니다. 인맥을 통해 취업에 도움이 되는 양질의 정보를 얻고, 입사 이후 수행해야 하는 회사 내 업무에 대한 생생한 경험담을 듣는 등 그야말로 바람직한 도움을 이야기하는 것이다. 이러한 정보는 면접 시에 다른 지원자와 차별화된 답변을 할 수 있는 소스가 되어 주기도 하고, 입사 이후 회사에 적응하는 데도 도움을 주어 이직률을 떨어뜨리는 역할을 하기도 한다.

대학생이 되었다면 당장 인맥 관리부터 신경 써야 한다. 대학은 성인기를 시작하는 곳이라는 점에서 사회생활의 첫 출발점이라고 할 수 있다. 출발점부터 자기관리의 가장 기본이라 할 수 있는 인맥 관리를 꾸준히 해나간다면 직장인이 되어 사회로 진출하는 시기가 되었을 때 탄탄하게 잘 쌓아진 인맥의 힘에 새삼 놀라게 될지도 모른다. 오랜 인간관계 속에서 그 진가를 확인한 사람을 '진국'이라고 표현하듯, 좀 더 이른 시기에 인맥 관리를 시작해 둔다면 '진국'을 곁에 둘 수 있는 확률이 그만큼 높아지는 것이다.

그렇다면 대학생들은 이처럼 소중한 자산이 되는 인맥을 언제, 어떻게 형성하고 어떤 식으로 관리해야 할까.

일주일 중 하루는 반드시 사람을 챙겨라

인맥은 만들기도 힘들지만 유지하는 것은 더욱 힘들다. 하지만 '잘 형성된 인맥은 금맥'이라는 말도 있듯 사람은 공을 들이면 들일수록 우리에게 금보다 더 귀한 존재가 될 수 있다.

학점도 관리해야 하고, 토익점수도 신경 써야 할 테지만 일주일에 하루만큼은 사람을 챙기는 날로 비워 두자. 이때 사람을 관리한다는 것은 절대 흥청망청 술과 유희를 즐기라는 말이 아니다. 차 한잔을 마시더라도 깊이 있는 대화를 나누고 서로 신뢰와 정을 쌓아 가는 것이 중요하다. 그리고 그들에게 도움을 받기 이전에 내가 그들을 도울 수 있는 것이 무엇인지 연구하고, 자신의 진심을 보이는 것이 진정한 인맥을 쌓는 지름길이다. 나를 낮추고 상대를 배려하며, 나아가 상대를 위해 필요한 사람이 되어 상대가 먼저 나를 찾도록 하는 것도 좋다. 문어발처럼 상대를 포획하기보다는 모든 문어발들이 노리는 존재가 되는 것이다. 그들의 중심에 설 수 있는 역량만 갖춘다면 충분히 가능한 일이다.

대학생의 인맥 관리 포인트는 학년에 따라 조금씩 다르다. 1학년이라면 우선 또래 집단에서의 인맥 관리가 중요하다. 아직은 낯선 대학이라는 공간에서 정서적으로 가장 친밀감을 느끼고, 또 가장 잘 파악할 수 있는 대상이 바로 또래다. 또래와의 관계에서 적응하지 못한 사람이 다른 인간관계를 잘할 가능성은 매우 낮다. 더불어 재학 중인 선배와 전공 관련 교수님을 만나는 것에도 신경을 써야 한다.

2학년이라면 속해 있는 동아리 선배나 연합동아리의 다른 대학 학생들과 교류하는 데 중점을 두어야 한다. 기왕이면 두 곳 이상의 동아리에 가입하라. 하나는 자신의 취미분야에, 또 하나는 진로분야와 관련된 곳에, 나머지는 봉사활동을 할 수 있는 곳에 가입한다면 최적의 대학생활을 할 수 있을 것이다.

3학년이 되면 좀 더 본격적인 인맥 교류에 힘써야 한다. 따라서 자신이 정한 목표에 맞는 기능을 충족시켜 줄 사람을 만나는 것이 좋다. 토익 성적 올리기, 관심분야 자격증 취득하기 등과 관련된 사람들이 여기에 포함된다. 4학년은 다른 학년과는 상황이 조금 다르다. 취업 실전에 도움이 될 사람을 만나야 한다. 4학년이 되면 외부와 단절한 채 도서관에만 박혀 있는 사람들이 있다. 이것은 정말 미련한 행동이다. 그동안 공들여 쌓아 놓은 인맥에 쐐기를 박아야 할 시기임을 명심하고, 사람에 더욱 공을 들여야 한다.

고급 인맥 형성은 교수로부터

교수는 인맥 중에서도 고급 인맥이라 할 수 있다. 그들은 이 사회에서 소위 엘리트로 구분된 사람들이기 때문이다. 4년이라는 대학생활에서 1학기 평균 이수학점은 18학점 남짓이며, 18학점의 과목 수는 대개 7과목 정도다. 다시 말해 1학기에 7명의 교수를 만나는 셈인데, 이것을 다시 8학기로 환산하면 56명의 교수, 즉 우수 인재와 교류할 수 있다는 계산이다.

안타깝게도 대부분의 학생은 이러한 엘리트 집단이 바로 지척에 있는데도 그들을 인맥으로 가꾸어 갈 생각을 하지 못한다. 교수를 그저 강의실에서 수업을 가르치고 학점의 칼날을 휘두르는 존재로만 여기는 학생들이 의외로 많다.

"제발 평소에도 아는 척 좀 해라. 꼭 성적이 나가고 난 뒤에 찾아오지 말고!"

모 대학교수가 자신을 찾아온 학생들에게 했던 말이다. 이처럼 교수들은 연구실의 문은 물론이고 마음의 문까지 활짝 열고 학생들이 다가와 주기만을 기다린다. 그들은 언제든지 인맥이 되어 주겠다고 기다리는데, 학생들은 그들을 너무 어려워하는 탓인지 아예 인맥에서 배제시켜 버리는 우를 범한다. 이제부터라도 넝쿨째 굴러온 복을 야무지게 챙겨야 한다. 지금 당장 1학기에 만날 수 있는 7명의 교수들 전화번호를 휴대폰에 입력하라. 그리고 그들에 대한 관리에 들어가라.

교수는 경력 관리나 향후 계획에 있어 많은 역할과 영향력을 가진다. 굳이 전공분야로의 사회진출이 아니더라도 다양한 과목을 이수하면서 만나는 교수는 분명 중요한 인적자원이자 소중한 자산이다. 경제학을 전공하는 학생이 전공 학점만 올 A로 받았다고 해서 성공한 사회생활이 보장되지는 않는다. 실제 사회나 조직생활을 위한 심리학이나 커뮤니케이션 이론을 함께 공부한다면 성공의 가능성은 더 커지는 법이다. 이때 담당교수들은 훌륭한 멘토가 될 수 있다. 가급적이면 자신의 멘토가 되어 줄 교수를 정해서 정기적으로 상담하는 것이 좋다. 유용한 지식에, 폭 넓은 지혜까지 구할 수 있는 교수야말로 당장 곁에 둘 수 있는 고급 인맥이다.

그리고 교수와의 원활한 의사소통은 대학생활에서 매우 유리한 위치를 선점할 수 있게 한다. 각종 학사정보와 좀 더 생생한 전문지식을 얻을 수 있어서 다른 학생들보다 더 나은 학사 관리를 할 수 있다는 의미다. 또한 교수는 기업이나 여러 단체와의 네트워크가 잘 구축되어 있는 편이다. 그렇기 때문에 자신의 관심분야를 어필하여 적극적인 자세를 보여 준다면 교수의 네트워크도 나의 것으로 만들 수 있다.

교수와의 인맥 쌓기는 단지 학점 구걸을 위한 아부가 아니다. 남들보다 뛰어난 경쟁력을 갖추기 위한 과정임을 명심해야 한다.

인맥 관리 이전에 나의 행동 관리부터 하자

'한 다리만 건너면 아는 사이' 라는 말이 있다. 실제로 미국에서는 어느 한 개인이 대통령에게 연결되기까지 5.5명의 인맥만이 필요했다는 사례가 있으며, 우리나라는 이보다 좀 더 적은 3.6명만 통하면 전혀 모르는 사람과도 연결이 되었다고 한다. 이는 어찌 보면 반가운 일이지만 한편으론 무시무시한 일이기도 하다. 특히 뒤가 구린 사람이라면 인간 네트워크의 힘이 얼마나 강력한가에 대해 경악할 일이다.

한 취업 전문 기관에서 기업 인사담당자 306명을 대상으로 "경력사원 채용 시 평판조회를 해본 적이 있는가?"라는 질문을 한 적이 있다. 그 결과 응답자의 48.0%가 "조회해 본 적이 있다."라고 응답했다. 시작보다 더 중요한 것이 어찌 보면 마무리다. 오죽하면 '아름다운 마무리' 라는 말이 나왔겠는가. 자신의 행동이 2년 후, 3년 후에 어떤 결과로 나타날지는 알 수 없는 일이다. 오늘 침 뱉고 돌아 선 곳이 내일 내가 엎드려야 할 곳이 될 수도 있다.

어느 대기업에서 직원 1명을 뽑을 때 있었던 일이다. 1,000명이 넘는 사람들이 지원을 했고, 인사팀에서 최종 후보자 4명의 지원서가 담당 부서장에게 내려왔다. 담당 부서장은 다음 날 아침 인사팀에게 합격자 공고를 미루어 줄 것을 부탁했다. 그리고는 지원자들의 출신 학교와 그간 근무했던 업체의 담당자들을 수소문했다. 그리고 단 몇 시간 만에 그들에 대한 평가를 들을 수 있었다. 그런데 안타깝게도 4명의 지원자 모두가 이전 업체의 담당자들로부터 좋지 않은 평가를 받았다. 결국 그들은 1,000명이 넘는 지원자를 물리치고 서류심사를 통과했지만, 최종 합격은 하지 못했다.

이렇게 중요한 '나 자신의 행동 관리'는 대학생활에서도 꾸준히 이루어져야 함은 두말할 나위가 없다. 동기나 후배, 선배가 언제 직장의 동료, 상사 등으로 등장할지 모를 일이기 때문이다. 일례로, 한 남학생은 대학 때 두 학번이 낮은 후배 여학생에게 막말을 하는 등 무시하기 일쑤였다고 한다. 이 남학생이 나중에 취업을 했는데, 그 후배 여학생이 직장에서 직속 상사로 나타났다. 선배가 군에 가 있는 동안 어학연수까지 마치고 '유능한 인재'로 먼저 취업했던 것이다. 후배는 대학 때 사소한 것 하나까지 트집을 잡으며 자신을 무시하던 선배가 신입사원으로 들어왔을 때 어떤 마음이 들었을까. 그녀는 반갑기는커녕 복수의 칼날을 갈며 회심의 미소를 지었다고 한다.

대학에서는 재수나 어학연수 등 여러 가지 이유 때문에 나보다 나이가 많은 후배나 동기들을 만날 수 있다. 그런데 군대에서 계급을 따지는 것처럼 무조건 수직적인 선후배 관계만 강조하는 사람들이 있다. 이런 태도는 자칫하면 후배들로 하여금 '어디, 두고 보자!' 며 복수의 칼날을 갈게 할 수도 있다. 군대에서의 계급이 사회로 진출 했을 때의 계급과 일치하지 않듯 학교의 학번도 사회에서는 뒤바뀔 수 있다. 따라서 너무 경직된 선후배 관계보다는 좀 더 편안한 관계 로 이끌어 가는 지혜가 필요하다. 나이와 상관없이 후배들에게도 예의를 갖추고, 나보다 나이가 많은 후배라면 존대를 해주는 것이 좋다.

우리 주변에는 수없이 많은 사람들이 거미줄처럼 얽혀 있다. 그들 중 단 한 사람이라도 나의 행동을 주시하는 한 언제든 3.6명만 거치 면 그 누구에게라도 나의 평가가 전해질 수 있다. 인크루트에서 취업 캠프를 할 때 아르바이트로 왔던 학생이 모의면접관을 하러 온 헤드 헌터에게 좋은 인상을 남겨 외국계 기업에 추천된 사례가 있다. 외국 계 제약회사에서 급하게 인턴사원이 필요했는데 마침 추천을 받아 방학 동안 무사히 인턴활동을 마쳤다. 그 후 졸업을 하고 다른 외국 계 제약회사의 영업직으로 입사하게 됐는데, 방학 동안 제약회사 인 턴으로 근무하며 성실한 자세를 보였던 것이 플러스 요인이었음은 두말할 필요도 없다.

단 일주일을 하는 아르바이트라도, 2달을 했던 인턴일지라도, 본 인은 주변 사람들의 기억에 남는다. 그리고 동기, 선후배에게 어떤 기억으로 남았느냐에 따라, 졸업 후 자신에게 큰 기회가 주어질 수 도, 다 된 밥에 재를 뿌리는 일이 생길 수도 있다.

나 홀로 가만히 앉아서는 고급정보를 구할 수 없다

신입사원이 회사생활을 할 때 가장 난감한 경우가 언제일까. 그건 바로 뭘 모를 때 마땅히 도움을 청할 곳이 없다는 것이다. 매번 자질구레한 것까지 물어보기에는 자존심도 허락지 않을 뿐더러 무능력자로 찍힐까 봐 걱정이 앞선다.

어차피 개인이 다방면의 업무를 꿰고 있기에는 버거울 수밖에 없다. 그렇다면 유능한 선배 사원들은 이 문제를 어떻게 해결하고 있을까. 그들은 자신이 전문영역으로 생각하는 것에는 치열한 자기계발을 한다. 그러나 굳이 전문적으로 알 필요가 없는 분야는 과감하게 외부를 통해서 해결한다. 그렇다면 핵심은 해결을 의뢰할 만한 외부 인맥의 여부다. 각계각층의 사람들과 직종을 불문한 전문가 집단과의 네트워크는 상상 이상의 힘을 발휘한다.

● 전공 불문! 학교 불문! 다양한 네트워크를 만들어라

"난 문학을 전공하니 문학이나 예술 전공 학생들과만 교류한다!"

과연 옳은 판단일까? 하긴, 어찌 보면 그렇게라도 미술이나 음악을 전공하는 학생들과 만나려는 노력을 한다는 게 다행이다. 하지만 좀 더 생각이 깊은 사람이라면 예술뿐 아니라 기계공학, 건축공학, 무역학을 전공하는 학생들과도 많은 교류를 해야 함을 알 것이다.

더불어 타 대학 학생까지 만남의 범위를 넓혀야 한다. 동아리 활동을 하더라도 타 대학과의 연합동아리에 가입한다면 같은 분야의 다양

한 사람을 만날 기회가 더 많아진다. 얼마 전 브랜드마케팅 전문 잡지 회사에서 주최한 대학생 모임에 대학생 마케팅 연합동아리 10개 팀의 대표들이 참여했다. 모인 학생들은 다들 명함을 건네면서 인사를 나누었다. 명함 뒤에는 현재 기업과 함께하고 있는 마케팅 프로젝트명이 기재되어 있었다. 전국 단위의 연합이기 때문에 이들의 인맥은 전국 각지에 퍼져 있고, 기업의 프로젝트를 진행하였기 때문에 기업 실무진과도 인맥을 쌓고 있었다.

이때 받은 명함과 인사를 나눈 인맥은 든든한 자산이 될 수 있다. 당장 나에게 어떤 도움을 주지 않더라도 나중에 사회생활을 할 때 언제, 어디서 구원투수 역할을 할지 모른다. 그래서 사람을 만나는 매 순간마다 진지해야 한다. 좋은 인상과 더불어 우호적인 관계를 맺을 수 있도록 나를 각인시키는 것이야말로 꾸준한 인맥 관리의 첫걸음이다.

● 취미활동으로 인적자산을 구축하라

주말마다 청평에서 웨이크보드를 즐기는 대학생이 있다. 그는 단순히 웨이크보드를 즐기기 위해 금쪽같은 시간과 돈을 할애하는 것은 아니다. 웨이크보드를 즐기는 멤버들과 *끈끈한* 인맥을 맺기 위해서다. 그 멤버들을 살펴보니, 신경외과 의사, 영화배우, 디자이너, 대기업 인사담당자가 포함되어 있었다. 이들은 서로 다른 직업에 대학생까지 끼여 있어 직접적인 이해관계가 잘 드러나지 않는 멤버다. 하지만 이렇게 직접적인 이해관계 없이 만나는 사람들일수록 더 *끈끈*

한 유대관계가 형성될 수 있다. 함께 스포츠를 즐기든, 라틴음악에 스텝을 밟든 간에 그들은 열정이라는 공통분모를 가지고 있기 때문이다.

주말은 휴식을 취하는 날이라 하여 하루 종일 베개만 붙잡고 있을 것이 아니라, 열정을 공유할 수 있는 사람들과의 인맥을 형성하는 데 투자해 보자. 열정을 공유하는 것만큼 내밀한 인간관계를 형성하는 확실한 방법이 없다.

● 구하라, 그러면 얻을 것이다

인터넷 업체 야후가 모바일 2.0 웹페이지를 베타 버전으로 오픈하고, 포털 업체인 다음이 구글을 벤치마킹한 'D.e.v night' 행사를 열었을 때, 그리고 2007년 3월에 모바일 2.0 창립 세미나가 열렸을 때 각 분야의 프런티어가 대거 참여했다. 결국 이러한 행사를 미리 알고 찾아갔던 학생들은 남들보다 먼저 모바일을 비롯한 디지털 트렌드의 고급정보를 얻을 수 있었다. 이처럼 자신이 취업을 염두에 둔 분야의 각종 레퍼런스나 행사에 참여하는 학생들은 그 분야의 흐름과 트렌드를 미리 읽을 수 있고, 이는 취업에서 유리한 고지를 선점하는 것을 의미한다. 면접이나 자기소개서를 작성할 때 해당 분야와 기업의 고급정보를 논한다면 채용담당자의 눈길을 끌 수밖에 없다.

그렇다면 그곳에 있었던 학생들은 도대체 그 행사를 어떻게 알고 갔을까? 행사장을 찾아갔던 학생들은 일일이 초청장을 받고 가지는 않았을 것이다. 이런 행사에 정말 참여하고 싶었는데 대체 이런 정보를 어떻게 구하느냐고 묻는 대학생들이 종종 있다. 가만 앉아 있는데 누군가 알려 줄 리는 만무하다. 다른 사람들이 쉽게 알 수 없는 정보를 얻고 싶은가? 그렇다면 유목민들이 사막의 숨겨진 오아시스를 찾아내기 위해 수없이 돌아다니는 것처럼 발품을 팔고 마우스를 클릭해야 한다.

프랑스 파리의 노천카페에 출근도장을 찍으며 예술을 논하고 사상을 이야기하던 젊은이들은 역사에 뚜렷한 족적을 남겼다. 고급정보는 아무에게나 공개되지 않는다. 온라인 카페의 운영진까지 올라가 보라. 그러면 구하고 싶은 것을, 목마르게 얻고 싶은 것을 찾을 수 있다.

선택과 집중! 얼굴을 맞댄 커뮤니케이션을 하라

바야흐로 21세기는 온라인의 시대이자 디지털의 세상이다. 과거엔, 나를 중심에 두고 네트워크를 쌓을 수 있는 범위가 지극히 제한적이었다. 그래서 학연과 지연, 혈연이 큰 힘을 발휘했다. 그러나 21세기에는 뻗어 나가려는 의지만큼 네트워크를 만들 수 있다. 당장 포털 사이트를 보더라도 수를 헤아릴 수 없을 만큼 많은 카페가 있다. 그중에는 회원수가 100만 명이 넘는 대형 카페도 있다.

대학생들도 취미로 혹은 자기가 얻고 싶은 자료를 구할 요량으로 다양한 온라인 카페에 가입한다. 오죽하면 네이버의 경우 100개 이상의 카페에 가입하면 더 이상 다른 카페에 가입하지 못하도록 할 정도다. 이때 '선택과 집중'이라는 전략적인 카페 활동을 하려면 취미, 공모전, 취업 등의 대학생 카페는 물론 자신이 희망하는 직업과 관련한 사회인 커뮤니티에도 가입하는 게 좋다. 나이트클럽에만 죽돌이 죽순이가 있는 게 아니다. 방문횟수 1위, 댓글 수 1위, 게시글 수 1위가 결코 인터넷 폐인을 뜻하지 않으니 열심히 활동하라.

물론 온라인에서 맺어진 관계는 일시적이거나 다소 불안하다는 단점이 있다. 언제 관계가 끊어질지 알 수가 없기 때문이다. 이름도 얼굴도 알지 못하는 온라인 커뮤니케이션의 한계를 뛰어넘기 위해서는 오프라인 커뮤니케이션이 필수적으로 따라야 한다. 온라인은 진정한 인맥을 맺기 위한 일종의 연결고리이자 도구일 뿐이다. 그렇기 때문에 온라인에서 벗어나 오프라인 모임에도 능동적으로 참여할 필요가 있다.

얼굴을 맞대고 나누는 대화만큼 정확한 커뮤니케이션과 진정한 인맥 맺기의 방법은 없다. 언제 어디서나 서로가 win-win할 수 있는 인맥은 생각의 공유뿐 아니라 정서나 가치관의 공유까지 이루어져야 끈끈한 관계가 될 수 있다. 정모에도 얼굴을 내밀고, 관련 세미나도 부지런히 찾아다녀라. 비록 직장인들만의 모임이라 할지라도 호기심 어린 눈빛과 열정적인 태도를 갖춘 대학생이라면 내치지 않을 것이다.

나만의 매체, 블로그와 미니홈피

블로그와 미니홈피는 웬만한 대학생이라면 하나씩 가지고 있다. 이곳엔 스크랩한 정보 외에도 자신의 일상과 생각이 담긴 글과 사진 등을 올려 놓는다. 자신이 누구인지를 자연스럽게 알릴 수 있는 채널의 역할을 하는 것이다. 그뿐이 아니다. 활용하고자 하는 정보의 다양한 형식들을 담는 데이터베이스의 곳간으로도 활용할 수 있다.

근래 들어 기업의 입사지원서를 보면 개인 블로그나 미니홈피 주소를 적는 칸을 볼 수 있다. 입사지원서야 워낙 공을 들여 쓰기 때문에 기업의 인사담당자들이 일상의 개인을 평가하기가 어렵다. 그런데 블로그나 미니홈피에 들어가면 지원자의 일상이 고스란히 드러나 있다. 만약 제대로 관리가 안 된 것이라면 게으르고 불성실한 것으로 판단하기도 한다.

블로그와 미니홈피는 일기장이 아니라 공개된 이력서라고 생각하고 관리해야 한다. 양질의 정보와 콘텐츠로 관리한다면 단연 많은 사람들의 눈에 띌 것이다. K씨의 경우가 좋은 예다. K씨는 대학시절 자신의 블로그에 마케팅 관련 포스트를 체계적으로 분류해서 관리했다. 마케팅 이론, 시장 분석, 트렌드 조사, 아이디어, 관련 자료 등으로 카테고리를 만들어 각종 자료를 포스팅한 것이다. 또한 자신이 읽은 마케팅 관련 도서에 대한 서평이나 이런저런 자신의 주관적인 입장도 올려 놓았다. 그 결과 점점 사람들의 검색에 노출되는 횟수가 잦아졌고, 결국 그의 블로그는 입소문을 타고 디지털 세계에 영향력을 행사하는 '파워블로그'가 되었다. 대학을 졸업한 후 그가 취업의 문을 두드렸을 때, 이는 당연히 가산점을 받는 요소가 되었다. 그의 블로그는 마케팅에 대한 그의 열정을 보여 주기에 충분했기 때문이다.

실제로 이렇게 입소문으로 알려진 자신의 블로그로 인해 취업에 성공한 사례가 의외로 많다. 어떤 블로거는 자신의 블로그를 방문한 헤드헌터에 의해 이동통신사에 입사했다고 한다. 또 소위 말하는 취업스펙이 모자랐던 두 명의 취업 준비생들이 블로그나 미니홈피를 잘 관리한 덕에 취업에 성공한 예도 있다. L씨는 학점이 평균 3.5점, 토익은 겨우 600점 언저리였고, H씨는 학점이 평균 3.2점에 토익은 아예 시험을 보지 않았다. 이런 스펙으로 취업에 도전했던 두 사람은 '정상적인' 취업 관문에서 번번이 떨어질 수밖에 없었다. 이런 그들에게 특별한 취업 제의가 들어왔다. 그들의 미니홈피와 블로그를 본 기업 관계자가 제의를 해온 것이다.

L씨는 대학생활 동안 자신의 미니홈피에 간단한 일정 프로그램과 토익 공부 관련 서비스 등을 직접 기획, 개발하여 올렸고 주변의 반응은 뜨거웠다. H씨는 블로그 활동을 열심히 한 결과 '블로그 어워드' 행사의 핵심적인 역할까지 수행했다. 덕분에 이 둘은 각각 관련 서비스를 하는 회사에서 입사 제의를 받았고 결국 채용되었다.

대학생에게 블로그는 단순한 개인의 일기장과 같은 공간이 되어서는 안 된다. 취업까지 염두에 두고, 목적과 계획을 가지고 철저히 관리해야 한다. 무엇보다도 중요한 것은 꾸준히 관리해야 한다는 것이다. 관심분야에 대한 정보나 트렌드를 지속적으로 업데이트한다면 그만큼 전문성이 높고 성실하다는 징표가 된다. 한편, 블로그를 관리할 때는 비판적인 것보다 긍정적인 내용을 올리는 것이 좋다. 기업은 부정적이고 비판적인 사람보다 긍정적인 마인드의 소유자를 원하기 때문이다.

03 시간 관리에 목숨을 걸어라

입시의 압박과 설움에서 벗어나 마침내 꿈에 그리던 대학 입성! 그래서인지 적지 않은 대학생들이 대학을 자유와 낭만의 공간으로만 믿고 싶어 한다. 하지만 믿고 싶은 것만 믿고, 하고 싶은 것만 하다가는 그 대가가 혹독하다는 것은 초등학생도 다 아는 사실이다.

미팅에 소개팅, 그것도 모자라 한 달에 28일을 술을 마시다 기어이 올 F를 맞기 직전, 다니던 대학을 자퇴한 L양. 다음 해 새롭게 대학에 입학했지만 그녀가 낭비한 반년이라는 세월은 그 누구도 보상해 주지 않았다. 그래서 그녀는 두 번째로 들어간 대학에서만은 절대 실패하지 않겠노라고 다짐하고, 꼼꼼하고 세밀하게 시간계획을 세워 철저하게 그것을 지켜 나갔다. 당시 그녀가 세웠던 계획을 잠시 살펴보자.

- 과외 = 일주일에 3타임(한 번에 2시간) × 3팀 = 18시간
- 영어 = 매일 아침 6시 영어학원 (1시간 수업) + 매일 외국영화 받아쓰기 1시간(주로 공강 시간을 활용하여 영화 대본 받아쓰기)
- 시사 = 하루에 5개의 신문 보기
- 문화생활 = 한겨레 문화센터, 민족 예술인 아카데미(일주일에 각 1번), 일주일에 책 두 권 읽기, 고전영화 보기,
- 스트레스 해소 = 일주일에 두 번 퀼트 하기

한 달에 28일을 술을 먹어 대던 여대생이 위의 표처럼 30분, 하루, 일주일, 한 달 단위로 시간을 분배하고 나아가 반년, 1년을 바라보며 시간을 계획했다. 그리고 하루도 빠짐없이 그것을 지켜 나갔다. 결국 그녀는 국내 유수의 HR 전문기업이자 취업 인사 포털을 운영하는 회사에 취업되었고, 이제 한 달에 28일은 자신이 좋아하는 일을 하는 멋진 커리어우먼이다.

졸업 후 후회로 얼룩진 대학생활을 기억하고 싶지 않다면 지금 당장 '시간 관리'에 들어가라. '남는 시간'도 '모자란 시간'도 그것을 어떻게 관리하느냐에 따라 '맞춤 시간'이 되는 것이다. 시간 관리는 올바른 습관에서부터 나온다고 해도 과언이 아니다. 잘 알다시피 습관이란 몸에 밴 것이라서 단시간에 바꾸거나 갖출 수가 없다. 각오만 한다고 해서 될 일이 아니라는 말이다. 시간 관리는 계획과 실천의 조화가 일상적으로 습관처럼 이루어져야 한다.

하루 24시간은 그 누구에게나 동일하게 주어진 소중한 자원이다.

그 자원을 어떻게 활용하느냐에 따라 성공 가도를 달리 수도, 영원히 취업 준비자로 머물 수도 있다. 그렇다면 어떻게 하는 것이 시간이라는 자원을 가장 잘 활용하는 방법일까.

자투리 시간이 보약이다

오늘도 하루치 계획과 할 일을 정하고 하루 종일 허둥지둥 강의실과 식당, 집으로 오가며 보내지만 정작 제대로 한 게 없다. "시간이 너무 없어!"라고 변명하지만 자세히 들여다보면 길에서 버린 시간이나 아무것도 하지 않고 그냥 흘려보낸 시간들이 꽤 많다.

버스나 지하철을 탈 때도 멍하니 있거나 부족한 잠을 보충한답시고 졸지 마라. 이동하기 위해 버리는 시간을 금쪽같은 시간으로 만드는 비법은 따로 있다. 바로 외국어 공부를 하는 것이다. 공부를 할 때 오래 앉아 있다고 해서 효과가 있는 게 아니다. 오히려 짧은 시간 동안 고도의 집중력을 발휘하는 것이 더 효과적이다. 그래서 버스나 지하철 등을 이용한 이동 시간에 영어나 일어와 같은 외국어 단어를 외우는 데 집중하면 그 효과가 크다고 한다.

한편, 대학은 고등학교와는 달리 한 강의가 끝난 후 다음 강의까지 한두 시간이 텅 비는 경우도 생긴다. 물론 공강 시간 자체가 발생하지 않도록 처음부터 학기 시간표를 잘 짜는 것이 가장 좋다. 하지만 어쩔 수 없이 공강 시간이 생길 때는 이를 잘 활용하는 것에 중점을 두어야 한다. 공강 시간은 학교에서 실시하는 각종 세미나와 교육과정을 듣거나 평소 관심을 두었던 분야의 과목을 청강하도록 하자. 그리고 학교의 취업진로처나 학생지원팀을 찾아가 심리검사를 하거나 학교에서 제공하는 취업 관련 프로그램에 참여하는 것도 좋다. 그리고 갑작스럽게 휴강이 됐을 때는 "야호!"라고 외치며 PC방이나 커피숍으로 향할 게 아니라 리포트를 쓰면서 시간을 활용하든지 아니면 다음 과목의 예·복습을 하면서 보내야 한다. 이쯤 되면 "어떻게 사람이 쉴 틈도 없이 계속 공부나 자기계발을 할 수 있냐?"라며 따지고 들 수도 있다. 하지만 그런 투정을 하기 이전에, 남들보다 하루 30분만 더 모은다면 한 달에 900분인 15시간, 1년에 180시간, 4년 동안 무려 720시간을 더 활용할 수 있다는 것을 명심해야 한다.

규칙적인 수면습관은 건강한 하루를 여는 힘

제대로 시간 관리를 하려면 규칙적인 수면습관이 전제되어야 한다. 내가 학생들을 만나면 빼놓지 않고 하는 질문이 "몇 시에 자고 몇 시에 일어나는가?"이다. 어떤 학생은 새벽 2~3시쯤 잠을 청해서 오전 8~9시에 일어난다고 한다. 개중에는 "누가 깨우지 않으면 하루 종일 잘 수도 있어요!"라고 의기양양하게 답하는 학생도 있다.

모 대학 학생생활연구소에서 실시한 '대학생의 생활습관 조사'에 따르면 대학생들의 평균 취침시간은 자정을 기점으로 새벽 1~2시,

일어나는 시간은 오전 8~9시가 평균이라고 한다. 그리고 잠들기 전까지 무엇을 하느냐는 질문에는 컴퓨터와 함께 시간을 보낸다는 답이 난연 1위였다 . 그런데 컴퓨터를 하는 시간이 자신의 미래 설계와 관계가 있느냐는 질문에는 '그렇지 않다'가 '그렇다'에 비해 3배 이상 높게 나왔다. 속절없이 버리는 시간이란 것을 알면서도 그렇게 하고 있다는 것이다.

이처럼 4년 동안 불규칙한 수면습관을 가진다면 막상 직장생활을 하게 되었을 때 몸이 견뎌내지 못하는 것은 당연하다. 오죽하면 기업에서 혈기왕성한 신입사원보다 산업재해가 우려되는 신입사원이 많다고 하소연일까. 여성 신입사원의 경우 6개월 이내의 조기퇴직 사유 대부분이 바로 '건강상의 문제'라고 한다. 몸이 직장생활의 규칙성에 적응하지 못하는 것이다.

규칙적인 생활에 있어 가장 큰 장애물이자 기준은 바로 잠이다. 아무리 규칙적인 생활을 하고 철저한 시간계획을 세워서 실천하겠다고 마음먹어도 늦게 일어나면 말짱 도루묵이다. 우선 잠자는 습관부터 제대로 잡아라. 반드시 12시 이전에 마감뉴스와 함께 잠드는 습관을 들여야 한다.

구체적인 목표와 배분으로 시간을 관리하라

어릴 때 방학 시간표를 짰던 경험이 있을 것이다. 처음 시간표를 짤 때는 의욕이 앞서 촘촘히 짠다. 심지어 휴식시간, 독서하는 시간을 15분 단위로 집어넣기도 한다. 그런데 방학이 끝날 무렵에는 시간표를 짰다는 것조차 까맣게 잊어버리고 만다. 왜 그럴까? 바로, 계획은 있되 목표는 없었기 때문이다.

무엇을 계획하든 목표가 분명하지 않고서는 실천 의지가 따라 주지 않는다. 취업 준비나 공부를 할 때, 혹은 다른 어떤 일을 하더라도 분명한 목표가 있어야 한다. 왜 이것을 하는지, 그리고 어떻게 해야 하는지가 뚜렷해야만 제대로 실행에 옮길 수 있다.

취업은 단지 직장만을 구하는 것이 아니다. 개인의 인생 목표와 관련이 깊다. 나는 어떤 사람이 되겠다, 내가 바라는 성과와 성취감은 어떤 것이다 등 인생의 나침반과 같은 목표를 세워야 한다. 그리고 이것을 이루기 위해 '무조건 열심히 하자!'는 정도의 각오가 아니라 중장기적 목표 및 계획과 함께 한 달, 1년 단위의 단기 목표가 세워져야 한다. 그래야만 하위 시간인 일간, 주간, 월간 계획과 시간 관리가 가능하다.

대학생이 무슨 시간표냐고 할 수 있겠지만 가방 속에 있는 다이어리는 폼으로 들고 다니는 게 아니다. 영어학원과 학교 수업, 세미나 등 정해진 시간 외에 비어 있는 시간을 반드시 배분하고 무엇을 하겠다는 목표치를 정해 점검해야 한다.

선택과 집중

 풋풋한 대학 신입생은 입시 때문에 하지 못했던 것을 다 해보겠다는 의욕에 부풀어 있고, 취업을 코앞에 둔 3·4학년은 취업을 위한 각종 준비 때문에 마음이 급하다. 어찌 보면 참으로 다른 상황에 놓인 이 둘에게도 공통점이 있다. 바로 이것저것 희망사항이 잔뜩 쌓여 있다는 것이다. 뭔가를 해보겠다는 의욕이야 높이 사겠지만 현실을 고려하지 않은 계획은 금방 지쳐 떨어지게 한다는 것도 알아야 한다.

 희망사항이 많을수록 계획은 더욱 치밀해야 한다. 당장 하루의 계획뿐 아니라 일주일, 한 달, 1년 단위로 목표를 정해 관리를 하자. 예를 들어, 1학기 때는 자격증 시험을 쳐서 합격하고 방학 때는 토익점수를 얼마 받겠다는 식으로 시기를 나누어 목표를 정해야 한다. 그리고 한꺼번에 모든 걸 하겠다는 생각은 버리는 것이 좋다. 자칫 아까운 에너지만 낭비하게 된다. 따라서 무엇을 '선택'하고, 어떻게 '집중' 할지를 반드시 고민해야 한다.

 대학생의 시간 관리는 대개 학점, 교우관계, 취미, 아르바이트 등을 중심으로 이루어진다. 먼저 학점은 당연히 수업시간에 열심히 참석해야 하고, 리포트도 잘 써야 한다. 그러나 학점을 위해 점수 잘 주는 과목을 선택하기보다 정말 나에게 필요한 과목을 찾아서 수강해야 한다. 하이닉스와 대우조선과 같은 대기업 중에는 자신이 지원한 분야와 관련 있는 과목으로 무엇을 수강했는지 적어 내라는 곳도 있다. 단순히 전체 학점만 높게 받은 학생들을 구분하기 위해서다.

아르바이트나 인턴도 단지 돈을 벌기 위해서 시간을 할애하기보다 자신의 경력 관리에 도움이 되는 것으로 해야 한다. 기간이 짧거나 돈을 적게 받더라도 나중에 취업하고 싶은 분야에 연관된 일자리를 구하는 것이 좋다.

취미활동도 그냥 시간이 남아서 하는 것은 낭비다. 게다가 음악감상, 영화보기, 여행 등 남들이 다 하는 것을 나만의 취미라고 할 수는 없다. 항상 이력서에 적을 것을 준비한다는 생각으로 취미활동도 계획적으로 하는 것이 좋다.

계획만이 능사가 아니다, 점검은 필수

누누이 강조하지만 실천이 따르지 않는 계획은 계획이 아니다. 사람들은 쉽게 계획을 짠다. 하지만 그것을 실천으로 이어 가는 사람은 많지 않다. 계획이 실천으로 이어지기 위해서는 점검이 필수적이다. 꼼꼼하게 자신의 계획을 실천했는지 점검하는 것은 다음 단계로 나아가기 위한 디딤돌이 된다. 지금까지 하기로 한 계획도 제대로 지키지 못했는데 다음 계획을 짠다는 것은 어불성설이다.

자기 전 30분은 그날 계획했던 것을 했는지 점검해야 한다. 이때, 단순히 '계획을 실천했는지, 안 했는지'만 점검하는 게 아니라 구체적으로 어떻게 실천했는지를 함께 정리할 필요가 있다. 예를 들어 공부와 관련해서는 그날 공부한 내용의 요점과 실천이 취약했던 부분을 함께 정리하는 것이다. 그러면 다음 일간이나 주간 계획을 수립할 때 취약 부분에 대한 복습 시간을 배정할 수 있다. 공부뿐만 아니라 동아리나 봉사활동도 마찬가지다. 어떤 일을 했고, 앞으로의 계획이 무엇인지를 정리하면서 시간 관리를 해야 한다.

계획과 점검이 원활하게 이루어지려면 할 일의 난이도에 따라 시간을 잘 배분해야 한다. 계속 공부만 계획하면 나중에 점검할 때 분명 하지 않은 것들을 점점 많이 발견하게 될 것이다. 어떻게 사람이 하루 종일 공부만 할 수 있나. 계획이야 그럴싸하지만 실제로 수행하기 어려우면 지칠 수밖에 없다. 어려운 것과 쉬운 것을 적절히 섞어서 계획을 세워라. 그리고 공부와 관심분야, 취미활동 등 서로 상호보완적인 것으로 계획을 세워서 점검하는 것이 중요하다.

방학을 잘 활용하라

방학은 두 달이라는 긴 시간이다. 이 시간을 어떻게 관리하느냐에 따라 취업전선에 나설 때 경쟁력의 차이를 확연하게 느낄 수 있다. 물론 방학은 갑자기 남아도는 시간 때문에 매일 규칙적으로 수업을 듣는 학기 중에 비해 생활의 리듬이 깨지는 것은 사실이다. 그런데 돈이든 시간이든 그것을 제대로 관리하고 계획하는 한 '남아도는' 이란 있을 수 없다. 단 1분이라도 쓰일 곳이 따로 정해져 있기 때문이다.

방학은 대학 졸업 이후 휴직을 하기 전까지는 두 번 다시 가질 수 없는 여유로운 시간이다. 그래서 대다수 학생들은 방학을 대학생만의 특권이라 생각하고 많은 것을 계획한다. 밀린 공부나 영어회화, 또는 외국으로 배낭여행을 가겠다는 부푼 꿈도 꾼다. 여유를 즐기는 것도 물론 좋지만 대학생이기 때문에 할 수 있는 것을 해보자.

대학에서 정규과목 외에 많은 교육 프로그램을 제공해 주지만 정작 나에게 필요하고 듣고 싶은 강좌가 없을 수 있다. 학기 중에는 시간이 맞지 않아 듣지 못했던 이런 강좌들을 방학 때 집중적으로 들어보자. 그리고 세미나, 포럼, 온라인 동호회의 정모, 스포츠, 아르바이트, 봉사활동, 장기간의 여행, 자격증 취득 등 대학생 때 꼭 해야 하는 것들을 방학을 활용하여 하나씩 해나가자.

대학 4년 동안 방학은 4학년 2학기를 제외한다면 7번이나 돌아온다. 이 기간에 하나씩 성과를 낼 수 있다면 7개의 짧은 경력이 생긴다. 그만큼 이력서에 쓸 내용은 많아지고 경쟁력 또한 월등해질 것이다.

마지막 1초까지도 계획에 충실하라

대학에 들어가면 어학연수나 교환학생, 배낭여행과 자격증 따기 등 많은 계획과 목표를 세운다. 하지만 어영부영 시간을 보내다 그 어느 것 하나 제대로 한 게 없다면 대략 난감이다. 이쯤 되면 대부분 '에라, 모르겠다. 될 대로 돼라.' 라는 심정이 되고 만다.

A군은 졸업을 1학기 남겨 두고 사회에 진출한 선배를 찾아다니며 점심을 함께 먹기 시작했다. 막상 졸업을 앞두고 보니 미처 이루지 못한 목표와 계획 때문에 후회와 안타까움이 밀려왔다. 하지만 마지막 순간까지 최선을 다하기로 했다. 그는 선배들에게 들은 이야기를 토대로 자신의 현재 상황에 맞춘 계획을 세우고 시간 관리를 다시 하기 시작했다. 이력서와 자기소개서도 다시 쓰고, 친구들과 취업 스터디를 만들어 준비도 했다. 취업을 위한 시사 이슈 스크랩과 기업 정보 분석이라는 계획을 세워서 정해진 시간 동안 꾸준히 노력했다. 졸업하는 날까지 자격증 시험과 봉사활동을 계획한 A군은 그 누구보다 알차게 시간을 보냈다. 이력서와 자기소개서에 쓸 내용은 시간이 갈수록 풍부해졌고, 결국 그는 대기업 마케팅팀에 입사할 수 있었다.

차근차근 계획을 세워 4년을 알차게 보낸다면 더없이 좋겠지만, 만약 지금까지 100% 충실하지 못했다 하더라도 결코 포기해서는 안 된다. '늦었다고 생각하는 그 순간이 가장 이른 때' 라는 말처럼 후회와 반성을 하는 그 순간에 다시 자신에게 가장 적합한 계획을 세워 실천해 나가야 한다. 마지막 1초까지도 계획에 충실할 수 있다면 결코 실패란 있을 수 없다.

04 나만의 스페셜 아이템을 만들어라

        종합뉴스 방송사인 mbn의 보도에 따르면, 2008년 한 해 동안 전체 대학생 194만 명 중 43만 명, 즉 5명 중 1명꼴이 휴학생이었다고 한다. 게다가 한 취업 관련 사이트가 최근에 조사한 바로는 취업이 안 돼 일부러 F학점을 받고 학교에 남는 학생이 11%에 달했다고 한다. 취업 재수생보다는 휴학생이나 '5학년'의 길을 택하는 것이 낫다는 판단에서다.

  군이 이러한 조사 결과가 아니더라도 더 이상 '대학 4년'이란 말이 통하지 않는 시대가 왔다. 좀 더 나은 실력을 갖추기 위해 어학연수나 직업 체험 등으로 휴학을 하기도 하고, 아예 도서관의 '죽돌이 죽순이'가 되어 공부에 '올인'하기 위해 휴학을 선택하기도 한다.

  그런데 현실은 이러한 피나는 노력과는 무관하게 점점 냉혹해져만 간다. 경기침체로 인해 기업은 신규채용 인원을 대폭 줄이거나 아예 채용계획을 보류하는 실정이다. 더군다나 채용을 하더라도 비정규직이나 계약직을 선호한다. 상황이 이쯤 되면 하루 종일 도서관의 구석 자리를 차지하고 앉아 토익책을 파면서도 입에서는 한숨이 절로 새어 나오기 마련이다.

그런데, 이렇게 모두들 취업의 좁은 문을 향해 달려가느라 진땀을 빼고 있을 때 여유롭게 딴 짓을 하는 사람들이 있다. 그들은 학교 수업을 마치면 실내수영장으로 향하거나 음악을 듣기도 하고, 컴퓨터를 만지작거리거나 아예 게임에 열중하기도 한다. 그런데 어찌된 일인지 그들은 남들과 비슷한, 혹은 남들보다 못한 토익점수로도 당당하게 취업의 문을 두드리고, 보란 듯이 합격한다.

그렇다면 혹 그들에겐 든든한 '백'이라도 있는 것은 아닌지? 물론이다. 그들은 수영을, 음악을, 컴퓨터를 자신의 든든한 백으로 활용하는 사람들이다. 그리고 그들은 남들이 주목하는 대기업, 공기업이라는 좁은 문 대신 아무도 눈길을 주지 않는 틈새를 향해 돌진하기도 한다.

'스펙'에 연연하지 마라

한국의 모든 대학생이 '열공'에 빠져 도서관을 들락거린다고 해서 그들 모두가 취업에 성공할 수는 없다. 어차피 기업에서 채용하는 인원은 한정되어 있으니 말이다. 게다가 그들 대부분이 목숨을 거는 토익점수 역시도 더 이상 취업에 있어 변별력을 인정받지 못하고 있다.

'나만큼' 하는 사람들이 많아도 너무 많은 것이다. 수북이 쌓인 이력서에는 최고의 대학 졸업자와 유학파 그리고 토익 만점자들이 수두룩하다. 이들과의 경쟁에서 무조건 더 높은 성적을 올리겠다고 하는 것은 어찌 보면 제로섬 게임과 같다. 실제로 기업의 인사담당자들 역시 학점, 토익점수만으로는 지원자들의 별다른 차별성을 못 느낀다고 말한다. 오히려 그들은 지원자들에게 핵심역량, 즉 스페셜 아이템을 갖추라고 말한다.

지방의 모 기술대학 경영학과 졸업반이었던 B군은 학벌로 보나, 학점이나 토익점수로 보나 '취업스펙'의 기준에 도달하지 못했다. 그러나 대학을 다니는 동안 따놓은 각종 자격증이 20개가 넘고, 공모전에 나가 당선한 것만도 10번이 넘었다. 그뿐이 아니다. 기업들과 각 기관들이 후원하는 해외견학 겸 여행도 돈 한 푼 안 들이고 몇 번이나 다녀왔다. 이런 그의 이력은 채용담당자의 눈에 띌 수밖에 없었다. 보통 사람들이 말하는 취업스펙은 못 갖추었지만, 그는 당당히 모 기관의 인턴사원에 합격했다.

남들이 하는 것을 뒤따라 한다고 해서 취업이나 안정된 길이 보장되는 건 아니다. 틀에 박힌 취업준비에서 눈을 돌리되, 참신하고 자기계발을 할 수 있는 다양한 활동을 통해 경쟁의 '틈새'를 찾아야 한다. 도서관에 박혀서 공부하는 시간만큼이나 자신을 계발하고 눈높이와 세상 보기를 넓히는 시간도 취업의 문을 넓혀 줄 수 있다.

물론 여행을 많이 다니고 공부 대신 다른 것을 많이 한다고 해서 다 특별해지는 것은 아니다. 그것을 자신의 미래와 연결시킬 수 있을 만큼 열정적으로 해야 한다. 그런 의미에서 본다면 자격증 획득과 공모전 당선 등은 자신의 역량을 실제 업무와 관련 있는 분야에서 미리 보여 주고 인정받을 수 있다는 큰 장점이 있다. 또 여행도 단순한 관광에서 벗어나 각종 기관에서 후원하는 '테마 해외견학'의 목적에 충실해질 필요가 있다.

나만의 필살기를 가져라

이것저것 다 잘할 수도 없고, 그럴 필요도 없다. 한 가지라도 말 그대로 '똑 소리 나게' 잘하는 것이 오히려 더 낫다. 비록 학점은 낮더라도 컴퓨터에 미친 사람이 취직할 수 있는 시대다. 또한 남들 다 하는 영어보다는 남들이 하지 않는 베트남어에 도를 통한 사람이 선택받을 확률이 높다. 왜냐하면 채용담당자들은 신입사원에게 남들과 다른 그 '무엇'을 원하기 때문이다.

G양은 독일어와 영어에 능통했다. 국내의 재활용품들을 해외로 수출하는 업체에서 근무하고 있었는데, 업체의 규모도 제법 컸다. 한 번은 바이어로 독일인이 왔는데 회사에서 그녀에게 영어통역을 맡겼다. 회사에서는 그녀가 독일어까지 잘하는 줄은 몰랐고, 독일인 바이어 역시 영어로 협상을 하는 데 아무런 문제가 없어 그냥 영어로 이야기를 했다. 그런데 막상 협상이 진행되니 독일인들이 뭔가 비밀스러운 이야기를 할 때는 자기들끼리 독일어를 사용하는 것이

었다. G양은 독일어에도 능통했기에 당연히 그들의 대화 내용을 알아들을 수 있었다. 그녀는 그 내용을 한국어로 메모해서 사장에게 건네주었다. 결국 회사는 독일인들이 탐내고 있었던 품목과 협상 기준에 대해 소상히 알게 되어 다른 경쟁업체를 누르고 계약을 따낼 수 있었다.

나만의 필살기는 언제 어디서든 반드시 나를 빛나게 해준다. 취업을 위해서는 물론이고 G양의 경우처럼 회사 내에서 그 역량을 인정받기 위해서도 나만의 필살기 하나 정도는 반드시 섭렵해 두어야 한다. 특히 당장 급하게 사용할 일이 없더라도 중국어, 독일어와 같은 제2외국어 실력을 갖추고 있다면 반드시 그 실력을 발휘할 기회가 온다.

제2외국어 말고도 각종 웹 어플리케이션이나 오피스 프로그램의 능숙한 사용 능력 역시 당장 업무에 투입할 수 있는 자원으로 보일 수 있다. 그러나 가급적이면 누구나 다 하는 것보다 좀 더 나를 부각시킬 수 있는 필살기를 적극적으로 어필하는 것이 낫다. 예를 들어 전문 자격증도 필살기가 될 수 있다. 경영관리사나 투자상담사, 영양사 자격증까지 자신의 전공 및 취업분야와 관련된 전문 자격증을 따 놓으면 훌륭한 필살기로 써먹을 수 있다.

취미가 직업이 될 수 있다

"기껏 고생해서 대학 가더니 그렇게 하루 종일 게임질이야? 게임을 하면 돈이 나오냐? 밥이 나오냐?"

대학생이 되어서도 게임을 즐기던 J군을 향한 어머니의 잔소리다. 그런데 지금 J군은 '게임전문테스터'가 되어 정말 게임으로 돈을 벌고 있다. 그는 평소 게임을 즐기는 자신의 취미를 살릴 수 있는 직업을 찾다가 게임전문테스터가 되기로 결심했다.

J군은 게임전문테스터가 되기 위해 게임 이외에 다른 능력도 갖추어 나갔다. 컴퓨터 설치 및 조립, 데이터베이스 구축, web 관리 등에 대한 전반적인 지식은 물론이고 AA, AF, Shader 등 그래픽 모드를 배치할 수 있는 지식과 게임 및 드라이버 버그들을 재생성할 수 있는 능력도 갖추었다. 평소 게임과 컴퓨터를 좋아했기에 이런 공부들은 그에게 전혀 힘들지 않았다.

대학생에게 취미는 지친 몸과 마음을 쉴 수 있는 여가활동 이상의 의미가 있다. 취미를 더욱 발전시켜 전문성을 갖춘다면 수많은 경쟁자들 틈에서 도드라져 보이게 해주는 '스페셜 아이템'이 될 수 있다. 이것이 바로 남과 다른 나만의 경쟁력이다.

취업이 발등의 불로 떨어진 4학년들은 인터넷의 취업 관련 카페를 전전하며 정보를 찾거나 선배들의 노하우를 배우려고 안달이다. 하지만 그 노하우라는 것이 하루아침에 갖출 수 있는 것이 아니다 보니 때늦은 후회를 하기 십상이다. 이럴 때 필요한 것이 발상의 전환이다.

괜히 남들처럼 한답시고 따라 하면서 아까운 시간을 허비하는 것보다 자신이 잘하는 것에 주안점을 두고 노력하는 편이 더 낫다. 취업 성공의 지름길을 두고 빙빙 돌아갈 필요가 없다는 말이다. 자신이 잘하는 것이란 평소에 늘 해오던 것, 그리고 흥미 있어 하는 것을 말한다. 바로 취미를 직업으로 전환하는 것이다.

취미를 취업에 연결시키기 위해서는 취미와 관련된 동아리나 카페 등에 가입하여 활동하는 것도 좋다. 분명 그 속에는 취미를 살려 좁은 취업의 문을 연 고수들이 있다. 암벽등반과 MTB가 취미인 대학생 K군은 또래의 대학생들이 모인 동아리가 아닌 직장인들이 월등히 많았던 동아리에 가입했다. 이곳에서 막내 역할을 도맡아 하며 직장 생활의 애환과 조언을 많이 들었다고 한다. 그는 그러한 경험을 통하해 실제로 기업에서 원하는 역량이 무엇인지, 어떤 것을 준비해야 하는지를 잘 알게 되었고, 또 만반의 대비를 할 수 있었다. 이처럼 비슷한 연령대의 사람들이 취업이라는 문제 해결을 위해 모인 동아리보다 이미 그 문제들을 겪고 사회에 진출한 선배들의 조언을 들을 수 있는 커뮤니티는 생생한 지혜의 현장이 된다.

H군 역시 자신의 취미를 직업으로 연결시킨 좋은 사례다. H군은 대학시절부터 도장 파는 것이 취미였다. 때마침 젊은이들 사이에 다이어리와 플래너 열풍이 불었고, 아기자기한 나만의 다이어리를 만드는 게 유행이었다. 그리고 젊은이들은 자신만의 다이어리에 자신만의 독특한 흔적을 남기기를 원했다. 그들의 욕구를 읽은 H군은 사람들이 자신만의 특징을 나타내는 디자인을 가지고 오면 그것을 도장으로 만들어 주었다. 이런 그의 독특한 취미가 TV에 소개되자 더 많은 사람들이 찾아오기 시작했다. 결국 그는 현재 다이어리 등에 사용하는 나만의 도장을 만들어 팔며 성공 가도를 달리고 있다.

이처럼 자신이 즐겨 하는 취미를 직업으로까지 연결시킨다면 '전문성'과 '차별성'이라는 두 마리 토끼를 한꺼번에 잡을 수 있다. 지금 당장 나의 취미와 직업을 연결시키는 작업을 하라. 그리고 그 직업을 가지기 위해 내가 더 갖추어야 할 것이 무엇인지 파악하여 체계적으로 학습하고 익혀라. 평생 행복하게 일하고 싶은가. 그렇다면 취미를 나만의 '스페셜 아이템'으로 만들어 직업으로 삼으면 된다.

취미는 직장생활을 할 때도 중요한 역할을 한다. 지금 자신이 하는 일이 비록 취미와 직접적인 관련이 없더라도 직장에서 자신의 존재감을 부각시키거나, 원만한 대인관계와 효율적인 커뮤니케이션의 도구로 충분히 활용할 수 있다. 예를 들어 '맛집 찾기'가 취미인 A는 익히 알고 있는 맛집 정보를 직장 상사나 거래처 접대 시 유용하게 써먹을 수 있었다. 당연히 A는 '센스 만점'의 직장인으로 인정받고 있다. 혹은 인라인 스케이팅이 취미라면 사내 동아리 활동 등으로 폭넓은 대인관계를 맺을 수가 있다. 이는 곧 탄탄하고 넓은 인맥 쌓기의 밑거름이 된다.

이렇게 취업 활동에 있어서 취미는 가급적이면 혼자만의 영역이 아니라 '취업 성공의 지름길'이자 '교류와 공유의 기반'이 되는 전략적인 활동이어야 한다.

취업은
110m 허들
넘기다

PART 1

PART 2

PART 3

PART 4

PART 5

01 | 취업 준비 전 내가 진짜 하고 싶은 일부터 고민하라

02 | 30대 기업의 채용 트렌드를 파악하라

03 | 취업을 위한 로드맵을 짜라

04 | 4학년, 취업 시간표를 짜라

01 취업 준비 전 내가 진짜 하고 싶은 일부터 고민하라

대학입시만 끝나면 사교육과는 "굿바이!" 할 줄 알았는데 오히려 아르바이트까지 해가면서 학원비를 비롯한 각종 강습비를 내야 하는 시대가 되었다. 글로벌 경제위기까지 닥치면서 극심한 취업난에서 살아남기 위해 대학생의 절반 이상이 사교육을 받고 있는 실정이다. 그런데 그토록 공을 들여 들어간 직장에서 1년도 채 버티지 못하고 그만두어야 한다면? 특히 '적성에 안 맞아' 그만두게 된다면 이 얼마나 어이없는 일인가. 그렇다고 적성에 맞는 직장이 금방 다시 얻어지는 것도 아닌데 말이다. 그런데도 보통의 사람들은 일단 취업의 문을 여는 첫 번째 도전에서 성공을 거두었기에 두 번째 도전에 대해서는 낙관적인 입장이다. 하지만 이것은 현실을 전혀 고려하지 않은 대책 없는 낙관주의에 불과하다.

한 조사에 따르면 대학생 5명 중 2명이 취업하고 싶은 분야, 직종,

기업과 같은 진로를 미리 결정하지 않고 막연히 취업 준비에 열을 올리는 것으로 나왔다. 어디로 갈지도 정하지 않고 무작정 짐을 꾸려 떠나는 형국이다. 그리고 도착지가 마음에 들지 않으면 다시 짐을 꾸려 다른 곳을 향해 출발할 것이다. 이러한 무모한 도전이 이어지는 동안 그들의 이력서에는 잦은 이직의 상흔들만 남을 뿐이다.

기회는 자주 오는 게 아니다. 특히 미래의 인생을 꾸려 나갈 사회생활에서 한 번의 이탈은 치명적일 수도 있다. 한 번은 두 번이 되고, 이렇게 이어지는 잦은 이직은 결국 평생 한 곳에 정착하지 못하고 이곳저곳을 전전하게 만든다. 실제로 채용 시 이직 경력이 잦은 지원자는 아예 면접의 기회조차 주지 않는 기업도 있다.

그렇다면 왜 이처럼 첫 단추를 잘못 꿰는 사람들이 생기는 것일까? 대부분은 '일단은 어디든 들어가고 보자! 낙타가 바늘구멍 들어가기'라는 극심한 취업난에 적성 따지고 근무 환경 따져 가며 어떻게 취직을 하느냐'는 걱정 때문일 것이다. 하지만 이런 성급한 판단으로 '아무 곳'에나 들어간다 한들 진득하니 견디지 못하고 회사를 뛰쳐나온다면 이 또한 큰 문제가 아닐 수 없다. 실제로 어렵게 들어간 직장을 박차고 나온 사람에게 "왜 나왔느냐?"라고 물으면, 대부분 "적성에 안 맞아서"라며 "이제 내가 하고 싶은 일을 할 거야!"라는 배짱 두둑한 대답을 한다. 이쯤 되면 나는 그들에게 다시 반문한다. "4년 이상이나 되는 준비 기간에는 왜 그렇게 중요한 걸 놓쳤느냐?"라고 말이다.

혹자들은 "세상은 하고 싶은 일만 하면서 살 수는 없어. 결혼하고 아이들이 생기면 먹고사는 것 때문에 일을 하게 된다는 것을 알게 될 거야."라며 적성 운운하는 것을 한낱 철부지의 투정쯤으로 치부한다. 제비 새끼처럼 입을 벌린 채 아비가 물어 올 먹이를 기다리는 가족들을 생각한다면 완전히 틀린 말이라 할 수도 없다. 경제활동을 해야만 생존의 문제가 해결되는 자본주의 사회에서 '먹고 사는 문제'를 가벼이 여길 수는 없으니 말이다.

하지만 나는 대학생들에게 취업을 위한 공부를 하기 이전에 "내가 진짜 하고 싶은 일부터 고민하라!"라고 말하고 싶다. 내가 진정으로 원하는 목표를 정해 깃대를 꽂은 후 그곳을 향해 달려가야 한다. '깃대고 목표고 간에 일단 가고 보자!'라는 심사로 덤볐다가는 갔던 길을 다시 되돌아와야 함은 물론이고, 또 다시 그 험난한 길을 가야 할지도 모른다. 그렇다고 원하지 않는 곳에 머물러 있자면 불평과 불만이 목까지 차올라 성취도는 물론이고 업무 집중도 역시 낮아질 수밖에 없다. 이런 상황이 계속되면 직장에서의 평가 또한 좋게 이루어질리가 없다. 이번엔 구조조정과 명예퇴직의 대상이 되어 감원의 칼날을 두려워해야 할 일이 생길 수도 있다.

조금 늦게 도착하더라도 충분히 고민한 후 출발하자. 나의 적성을 찾고 내가 진정으로 하고 싶은 일을 정한 후 도전해도 결코 늦지 않다.

직장이 아닌 직업을 선택하라

21세기를 살아가는 요즘, 평생 한 직장에 머무르는 사람이 과연 몇이나 될까? 정년과 복지가 보장된 공무원이 아닌 이상, 이제 한국에서도 '평생직장'의 개념은 과거의 유물이 되었다. '대마불사'의 대기업 신화도 깨진 지 오래다. 얼마 전 한 취업 관련 사이트에서 조사한 바에 따르면 현 직장인의 70%가 이직을 계획하고 있으며, 대기업 직원 중에는 30%에 가까운 사람이, 중소기업은 절반이 넘는 사람이 이직을 염두에 두고 있다고 한다. 그동안 '평생직장', '철밥통'의 대명사로 여겨졌던 공기업에서도 60%가 넘는 사람이 다른 일자리를 찾아보겠다는 답변을 했다. 그리고 실제로 40세 이전 직장인의 경우 평균 5.3회의 이직을 경험하는 것으로 나왔다.

이들 중 대부분은 자신이 근무하고 있는 직장의 경영상태가 어렵다거나 업무 스트레스 때문에 이직을 생각한다고 한다. 신입사원의 경우는 20%에 가까운 사람들이 낮은 업무 만족도를 이직의 이유로 꼽았다. 업무 만족도! 이 역시 앞서 말한 '적성'과 마찬가지로 어찌 보면 배부른 소리 아닌가도 싶다. 대학생 10명 중 7명이 취업 불안을 느끼는 시대에 "뽑아만 주신다면 냉큼 달려가겠습니다."라는 심정인 사람들이 수두룩하니 말이다. 하지만 막상 내가 그러한 현실에 맞닥뜨린다면 나는 이직을 결심하지 않는 꿋꿋한 30%가 될 수 있을까?

현실은 내가 그리던 직장생활과는 많이 다를 수 있다. 소위 말하는 '브랜드' 가치가 높은 기업에 취직을 하고서도 예상치 못한 허드렛일이 업무로 주어지기도 한다. 또한 이리저리 부서를 옮겨 다녀야 하고 자신이 원하지 않는 팀으로 발령받을 수도 있는 게 직장이다. 이런 현실은 결국 자신이 하는 일에 회의를 느끼게 하고 업무 만족도를 떨어뜨릴 수밖에 없다.

더 이상 한 '직장'에서 얼마나 오랫동안 근무할 수 있을까를 고민하지 마라. 한 '분야'에서 전문가, 최고 인재의 타이틀을 목표로 해야 한다. 요즘 똑똑한 20~30대 직장인과 대학생들은 '평생직장'을 고집하지 않는다. 대신 그들은 '평생직업'을 찾는 데 힘을 쏟는다. 직업을 고를 때도 '높은 연봉'이나 '근무환경'보다 '적성'에 맞는지, '자신의 능력'을 발휘할 수 있는지를 더욱 고려한다. 자신의 업무나 성과에 대한 보상도 획일적인 호봉제가 아니라 개인의 노력에 따라 달라야 한다는 의식이 더 높다.

이 부서, 저 부서 떠돌아다니는 무색무취의 사람이 아니라 마케팅분야에서의 최고 전문가, 영업분야에서의 일인자 등을 노려라. 2008년 미국발 경제위기의 신호가 되었던 리먼 브라더스의 파산을 보더라도 굴지의 기업들이 넘어가는 건 한순간이다. 생존을 위해서는 직장에 대한 충성 이전에 나 자신의 전문성을 먼저 키워야 한다. 직장은 사라져도 직업은 영원히 남는 것이다.

내가 누구인가를 알아야 한다

디지털 시대의 기업은 핵분열과 창조적 파괴의 과정에 있다. 이름조차 기억나지 않는 수많은 기업들이 새로 만들어졌다가 사라지고,

언제까지나 영원할 것 같았던 굴지의 기업들도 역사의 뒤편으로 사라졌다. 그 빈자리는 자신의 분야에서 나름대로 일가를 이룬 사람들이 다니던 회사를 뛰쳐나와, 뜻을 뭉쳐서 새로운 기업을 창조하여 메우고 있다.

인텔이나 MS 등도 이렇게 창조적인 파괴를 거쳐 만들어진 기업이다. 그들은 반도체나 소프트웨어를 연구하는 일을 하면서 한마디로 '마니아'로 불릴 만큼 빠져들었다. 그리고 자신들이 더 하고 싶은 일을 찾아 과감하게 안정된 울타리를 뛰쳐나왔다. 이들이 이렇게 할 수 있었던 것은 자신이 무엇을 하는지, 또 무엇을 원하는지를 정확하게 알고 있었기 때문이다. 누가 시켜서 한 것도 아니고, 마지못해 끌려 다닌 것도 아니다.

그들이 기업을 경영하는 CEO라면 나는 나를 경영하는 CEO다. 여기저기 입사원서를 뿌려 대며 로또 당첨을 기다리듯 취업을 기다려서는 안 된다. 입사원서를 적기 이전에 내가 누구인지, 무엇을 잘하는지를 냉정하게 따져볼 필요가 있다. 그런데 막상 자신을 파악하라고 하면 대부분의 학생들은 취업스펙을 기준으로 삼는다. 그러다 보니 토익 900점을 받은 학생도, 자격증을 몇 개나 가진 학생도 스펙을 조금이라도 높이려는 마음에 계속 시험을 치러 다닌다. 막상 그들에게 왜 그렇게 토익점수나 자격증에 연연하느냐고 물으면 "이것저것 해두면 취업에 도움이 될 것 같아서."라는 막연한 대답을 해온다.

취업스펙만이 자신의 정체성을 보여 줄 수 있는 게 아니다. 기업에서 1차 서류전형이나 취업시험 점수보다 면접을 중요시 여기는 이유가 뭘까. 심지어 블라인드 면접이라고 해서 이름과 수험표만으로 면접을 한다. 출신학교나 전공, 인적사항을 보지 않고 한 사람에 대해 다면 평가를 실시한다. 틀에 박힌 정장 차림의 면접이 아니라 청바지를 입고 오라고 하거나 등산이나 술자리에서 면접을 실시하는 기업도 있다. 즉 껍데기는 벗어 던지고 취업 지원자의 면면을 들여다보겠다는 것이다. 그런데 이때 나조차도 자신에 대해 아는 것이 없다면 무엇을 어필할 수 있겠는가.

세상에는 무수히 많은 사람들이 있으며, 그 많은 사람들만큼이나 다양한 직업이 있기 마련이다. 그리고 각 직업 현장에서는 각기 다른 특성을 가진 사람들을 필요로 하고 있다. 따라서 단순히 '직장'을 얻는 것에 연연하기보다는 나와 가장 잘 맞는 '직업'을 찾는 것에 중점을 두어야 한다. 그러기 위해서는 무엇보다도 '내가 누구인가'를 아는 것이 우선시되어야 한다.

그렇다면, "나는 누구인가?"라는 질문에 선뜻 대답할 수 있는 사람이 몇이나 될까? 과연 자신의 이름과 출신지와 출신학교를 빼고 나를 당당히 소개할 수 있을까? 이 물음에 대부분의 구직자들은 머뭇거리거나 이름과 출신학교 등을 말하려 든다. 한 번도 그런 단순한 소개 외에 자신이 누구인지에 관해 깊이 생각해 보거나 소개해 본 적이 없기 때문이다.

내가 누구인지 알기 위해서는 먼저 자신의 성격부터 파악해야 한다. MBTI와 같은 심리검사를 통해 알아보는 것도 유용한 방법이다. 또한 마케팅에서 SWOT 분석을 하듯 자신의 강점과 약점을 냉정하게 파악하는 것도 필요하다. 가급적 구체적으로 적는 것이 좋다. 이것을 바탕으로 관심 직업이나 업무를 고민하고, 이에 필요한 성향이나 능력, 전문기술이 무엇인지 알아보자. 이렇게 하면 당장의 취업뿐 아니라 미래의 전망까지도 함께 고민할 수 있다.

현실적인 비전과 목표를 분명히 하라

가끔 대학생들에게 꿈이 무엇이냐고 물어보면 입을 떼지 못하고 그저 머리만 긁적거리고 만다. 꿈과 목표를 구분할 수 있는 사람이 얼마나 될까? 꿈이 없다는 것은 미래가 없다는 뜻이고, 목표가 없다는 것은 할 일이 없다는 말이다. 꿈은 성취하고자 하는 일이고, 목표는 달성을 위한 하나의 지표다. 목표는 반드시 측정이 가능해야 한다는 점에서 꿈과 다르다고 말할 수 있다.

다이어트를 하더라도 막연히 살을 빼야겠다고 하면 중도에 쉽게 포기할 가능성이 크다. 살을 빼야 한다는 당위적인 목표만 있고 어떻게, 언제까지 하겠다는 지표는 없다면 '즐거운 살빼기'가 아니라 '고통스러운 체중 감량'이 될 뿐이다. 스트레스만 팍팍 쌓이고 살을 빼기는커녕 오히려 스트레스 때문에 폭식증에 걸릴 위험도 더 높아진다. 다이어트를 하려면 마냥 살을 빼겠다고 생각하기보다 '한 달에 1kg씩 빼서 5개월 후에는 5kg을 감량한다.'라는 식의 구체적인 목표를 정하는 것이 좋다.

목표를 알고 행동하는 것과 그렇지 않은 것의 차이는 클 수밖에 없다. 어떤 나라에서 군인들을 A, B 두 그룹으로 나누어 행군을 시켰다고 한다. A그룹은 목표지점을 구체적으로 알려 주었다. 그리고 전체 행군 거리와 세부적인 행군 계획까지 세세하게 일러 주었다. B그룹은 행군을 할 테니 무작정 걸으라고만 했다. 교관이 "그만!"이라고 할 때까지 계속 행군하라는 것이었다.

A그룹은 최종 목표와 현실적인 행군 계획, 즉 행군 거리와 중간 휴식 장소 등 최종 목표지점에 도달할 때까지의 구체적이고 단기적인 목표와 계획을 세울 수 있었다. 군인들은 목표와 계획을 충분히 인지하고 행군을 했다. 힘들고 어려운 고비가 오더라도 계획과 목표를 점검하면서 행군을 했기에 페이스를 조절하면서 낙오를 미연에 방지할 수 있었다. 결국 최종 지점까지 무사히 도착했을 뿐만 아니라 성취욕도 높았다고 한다.

반면, B그룹은 출발하기 전부터 이미 스트레스를 받고 있었다. 행군을 해야 한다는 목표만 있었을 뿐, 구체적인 계획과 정보가 없다 보니 부담부터 가질 수밖에 없었다. "과연 해낼 수 있을까?", "언제 행군이 끝날까?", "무엇 때문에 하는 거야?" 등 회의적인 생각으로 시작한 행군이 온전하게 끝날 리가 없었다. 행군이 시작되자마자 낙오자가 속출했고, 그나마 목표지점까지 왔던 군인들도 스트레스만 왕창 받았을 뿐 아무런 성과나 만족감을 느끼지 못했다.

토마스 칼라일은 "목표가 확실한 사람은 아무리 거친 길에서도 앞으로 나갈 수 있다. 그러나 목표가 없는 사람은 아무리 좋은 길이라도 앞으로 나갈 수 없다."라고 했다. 실제로 뚜렷한 목표, 측정 가능한 목표가 없는 사람들은 자신이 무엇을 하고 싶은지도 모른다. 그저 남들이 하니 나도 할 뿐이다. 하다가 안 되면 포기하면 되고, 그러다 다시 뭘 할까 고민하는 식으로 다람쥐 쳇바퀴 돌듯 살아간다. 그래서 자신이 무엇을 원하는지 모르는 사람일수록 취업에 대한 불안감은 더욱 크다고 볼 수 있다. 불안감을 없애려면 자기 확신이 있어야 한다. 자기 확신은 인생의 뚜렷한 목표와 이정표가 있어야 가능하다. 일상의 모든 경험과 에너지를 쏟아 붓는 생동감을 느껴야만 내가 하고 싶은 일을 찾고, 또 몰입할 수 있다.

무엇을 하고 싶은지 스스로에게 물어라

직업을 선택하는 가장 올바른 방법은 좋아하는 일을 찾는 것이다. 물론 좋아하는 일을 찾아 취업을 하면 보수도 낮고 대기업에 비해 근무 환경도 안 좋을 수 있다. 하지만 첫술에 배부르기를 바란다면 과욕이다. 비록 보수가 낮고 근무 환경이 좋지 않더라도 '평생직업'을 구해서 그 분야의 최고 전문가가 되기 위한 첫걸음이라 생각하자.

한 취업 포털사이트에서 직장인 1,184명에게 '다시 대학생으로 돌아간다면 가장 하고 싶은 것'을 물었다. 41.4%의 직장인이 '신중한 적성 파악과 진로 선택'이라고 답했다. 이 말은 결국 응답자의 41.4%는 '신중한 적성 파악과 진로 선택'을 하지 못했다는 말과도 같다. 또한 전체 응답자의 19.5%가 대학생들에게 가장 하고 싶은 조언으로 '적성을 모르면 후회한다. 내가 잘하는 게 뭔지부터 찾아라.'를 꼽았다. 앞서 말한 것처럼 직업이 아닌 직장의 '간판'만을 보고 들어갔다가 적성에 맞지 않아서 재취업을 준비한다면 이는 분명 시간낭비다. 다른 사람들은 벌써 자신만의 커리어를 쌓고 있는데 본인만 아직도 취업의 출발선상에서 머문다면 그만큼 뒤처지고 있다는 의미니 말이다. 더구나 요즘 같은 경제위기에서 재취업인들 어디 쉽게 되겠는가.

그런데 막상 '내가 좋아하는 일을 찾아 선택하라.'라는 말을 하면, 많은 학생들이 머뭇거리며 자신이 무엇을 좋아하는지 모른다고 한다. 왜 그럴까? 대학에 입학한 새내기들에게 왜 이 전공을 선택했는지, 자신이 선택한 전공이 앞으로의 직업 선택을 고려한 것인지 물으면 "그렇다."라는 대답보다 냉소적인 반응이 대부분이다. 그냥 수능점수에 맞는 대학과 학과를 선택했을 뿐이란 뜻이다. 4년 동안 열심히 기계공학을 공부했지만 정작 취업을 준비할 때는 남들처럼 '공시족'이 되어 공무원시험 준비와 토익 공부에만 매달린다. 그렇게 해서 들어간 직장에서는 전공과는 무관한 일을 할 뿐이다. 기업은 기업대로 직무와 직접적인 연관이 있는 사람 찾기가 힘들다고 푸념한다. 한마디로 '어긋난 짝짓기'인 것이다.

이력서에 취미와 특기를 적는 곳이 있다. 취업을 준비하는 학생들은 이런 것을 굳이 왜 써야 하는지 궁금해한다. 기업이 개인의 사생활인 취미와 특기를 알 필요가 있느냐는 생각이다. 그래서 어떤 학생은 취미는 배드민턴이고 특기는 스매싱이라고 답해 채용담당자가 한참을 웃었다고 한다.

사실 취미와 특기를 통해 은연중에 자신의 적성을 나타내는 경우가 많다. 스포츠나 여럿이 함께하는 취미와 특기를 가진 사람이라면 아무래도 정적인 데스크 업무보다 활동적인 직업과 업무에 적합하고 만족도 역시 높을 것이다. 기업 역시 지원자의 취업스펙만으로는 회사의 업종과 개별 직무에 적합한 사람인지 잘 알 수가 없다. 그래서 개인의 취미와 특기를 통해서 업종과 직무와 가장 '궁합'이 맞는 사람을 뽑으려고 하는 것이다. 가급적 자신의 취미나 특기와 유사한 업종과 직무라면 적성과도 맞아 업무 몰입도가 높을 것이라고 쉽게 예상할 수 있으니 말이다. 그렇기 때문에 내 적성에 맞는 직업에 지원하였다면 업종과 적성의 궁합이 잘 맞는다는 것을 보여 줄 수 있도록 취미와 특기를 자세하게 적는 것이 좋다. 그래야 기업에서도 취업 희망자의 적성에 맞는 직무로 배치할 가능성이 더 높아진다.

인터넷 사이트나 기관의 각종 검사를 통하여 자신의 취미나 흥미 그리고 자신에게 잘 맞는 직종 등을 미리 파악하고 분석해 두는 게 좋다. 생각을 많이 하는 연구활동에 맞느냐, 손이나 기타 신체적인 행동을 많이 하는 활동에 맞느냐에 따라 직무는 달라진다. 이렇게 해서 선택한 직업은 '시간 가는 줄 모르고 몰입하는' 자신만의 '평생직업'이 될 가능성이 높다.

02 30대 기업의 채용 트렌드를 파악하라

　　기업은 더 이상 똑똑한 인재만을 원하지 않는다. 자타가 공인하는 우리나라 최고의 대학을 나온 신입사원 A씨에 대해 기업은 "지식이 풍부하고 논리적 사고력은 뛰어나지만 인간관계가 원만하지 못하고 협동심이 부족하다."라고 평가했다. A씨는 영어학원을 다닌다, 체력단련을 한다는 등의 이유로 점심시간에도 직원들과 어울리지 않고 정시퇴근만을 고집했기 때문이다. 당연히 팀원들과의 불협화음은 물론이고 "조직문화를 해치고 있다."라는 평가까지 나오고 있다.

　취업의 문이 좁아진 만큼 그 좁은 문에 들어가기 위한 대학생들의 노력은 최고치에 달한다. 그만큼 똑똑하고 능력 있는 사람이 넘쳐난다는 말이다. 하지만 정작 인사담당자들은 "요즘 신입사원들은 전공 지식도 많고 외국어 능력도 뛰어나다. 하지만 막상 문제가 닥치면 종합적으로 판단하고 창의적으로 해결하는 능력이 부족하다.”라고 불만을 토로한다. 한국경영자총협회의 대졸 신입사원 채용실태 조사에서도 대기업의 80%가 대졸 신입사원의 업무능력에 불만을 표시했고 중소기업도 50.8%가 신입사원의 업무능력에 불만을 표시했다.

이쯤 되면 기업은 다른 잣대를 준비하게 된다. 그 결과 기업은 더이상 '똑똑한 사람'만을 고집하지 않는다. 그들은 '도전', '창조성', '미래지향적'이란 단어로 인재를 구하고 있다. 물론 다소 추상적이기도 한 데다, 어찌 보면 완벽함을 뜻하는 이런 단어들 앞에서 주눅들 법도 하다. 하지만 위의 요소들을 한 문장으로 정리해 보면, “기업은 '미래를 내다보는 안목'을 가지고 자신만의 '독창적인 아이디어'로 '도전'할 수 있는 인재를 원한다.”라는 뜻이 된다.

일본의 도요타는 구글이나 야후에서도 검색되지 않는 질문을 면접에서 활용하고 있다. 지식인과 각종 검색 사이트에서 쉽게 답을 구하려던 습관은 더 이상 통하지 않을 수 있다는 것이다. 우리나라의 30대 기업들 역시 스펙만으로 사람을 선별하지 않는다. 어차피 1차 서류전형과 시험에서 통과한 사람들이 최종 합격에 도달할 수 있을지 여부는 남들과 다른 그 무엇을 가졌는가에 달려 있다. 업종별로 살펴보면 제조업은 도전의식, 승부근성, 추진력, 성실함 등에 역점을 두는 반면, 서비스업은 정직, 서비스 마인드, 예의범절에 중점을 두고 있다. 이는 서비스업종의 특성상 '고객의 입장에서 생각'하고 '고객의 요구가 무엇인지를 아는 사람'이 인재의 기준이 되기 때문이다.

한편 '금융고시'라는 신조어를 만들어 낼 정도로 인기 직종인 금융권은 '정직'을 최우선으로 꼽았다. 돈을 다루는 직종인 만큼 금융 사고를 미연에 방지할 수 있는 인재상을 원하는 것이다. 이와 더불어 요구되는 것이 '근성(根性)과 인성(人性)'이다. 글로벌 경제시대에 맞춰, 은행창구에서 계산만 잘하는 게 아니라 안팎의 위기상황에 대처할 수 있는 근성과 고객응대에서 좋은 평을 받을 수 있는 타고난 인성을 원하는 것이다.

이처럼 기업의 채용 기준은 단순히 학교와 학점 등의 스펙만을 따지던 기존의 관행을 버리고 잠재력과 인성, 창의성 등 내면적 요소를 우선시하는 경향이 더욱 뚜렷해지고 있다.

바뀐 사회의 흐름을 읽어라

실업, 그중에서도 청년실업은 더 이상 새로운 이야기가 아니다. 청년실업률의 상승은 이미 심각한 수준에 이르렀다. 더욱 암울한 것은 이런 현상이 일시적이라기보다 구조적이라는 것이다. 혹자는 선진국형 노동시장으로 들어섰기 때문에 그렇다고 하는데, 선진국이 되기 위한 통과의례치곤 썩 유쾌하지 않은 현상이다. 앞으로도 계속 취업의 문은 좁다는 것을 의미하기 때문이다.

어쨌건 이렇게 사회가 바뀌고 있는데, 도서관에서 책만 보고 있다고 해서 뾰족한 답이 나오지는 않는다. 무엇이, 어떻게 바뀌고 있는지 알고 있어야 좀 더 효과적으로 취업에 대비할 수 있다. 다시 말해

"판을 읽어라."라는 말이다. 세상이 어떻게 돌아가는지 알고 그 속에서 살아남는 법을 찾아야 한다.

우리나라는 인력과잉시대를 맞이하고 있다. 출생률이 줄고 있는데 인력과잉이라니 선뜻 이해하기 어렵다. 하지만 과거 인력이 많이 필요한 제조업 중심에서 이제는 산업구조가 바뀌었고, 제조업 또한 자동화시스템으로 노동인력이 남아도는 사정이다. 게다가 글로벌 경제위기로 인해 기업들은 신입사원 채용을 제한하고 있다.

상황이 이쯤 되고 보면 고학력 구직자들은 슬슬 겁이 난다. 그 결과 많은 구직자가 본인의 눈높이보다 낮은 직종으로 눈을 돌리게 되었다. 생산기술직이나 사무보조, 환경미화원 등에 대한 대졸자 지원이 증가하는 현상이 바로 그것이다. 이런 현상으로 인해 4년제대학 졸업자는 석·박사 해외유학파에 밀리고, 고졸자는 대졸자에 밀리면서 상대적으로 저학력 출신자들의 구직난은 더욱 심해지고 있다.

그런데 기업은 오히려 고급 인력, 정확하게 말해서 전문인력의 수요가 부족하다며 울상을 짓고 있다. 그들은 과잉교육으로 대학 졸업자는 늘어나고 있지만 질적 수준이 기업의 요구에 미치지 못한다고 말한다. 실제로 2002년부터 2006년까지 IT 등 신기술분야에 필요한 인력은 43만 명이었던 데 비해 공급은 22만 명에 불과했다.

이러한 노동시장의 양극화 속에서 살아남는 방법은 기업이 원하는 인재가 되는 것이다. 기업이 필요로 하지 않는 것들에 아까운 시간을 할애하기보다는 기업이 필요로 하는 것에 집중하여 나의 능력을 키워야 한다. 경제성장이 둔화되고 위기상황을 맞게 되자 기업은 이익을 즉각적으로 창출할 수 있는 인재 찾기에 집중하고 있다. 따라서 시장의 변화를 남들보다 빨리 파악해서 대처할 수 있는 인재가 되어야 한다. 그리고 학벌과 같은 껍데기가 아니라 실무에 능통하다는 것을 보여 주어야 한다. 취업 전에 다양한 인턴십 경험을 해야 하는 이유가 여기에 있다. 내가 기업이 원하는 '준비된 인재'임을 보여 주고 창의성과 프로페셔널의 자질을 갖출 수 있도록 한 분야의 전문적인 기술과 지식을 습득할 필요가 있다.

갈수록 다양해지는 채용방식을 숙지하라

좁아만 가는 취업의 문 앞에 구름같이 몰려드는 지원자들. 기업은 그중에서 옥석을 가리기 위해 다양한 채용방식을 선보이고 있다. 보통 취업의 관문은 크게 3단계로 이루어진다. 서류전형을 통과하면 인·적성검사를 위한 시험이 기다리고 있고 마지막으로 면접이 있다. 각각의 관문을 통과하기 위해 나만의 필살기로 갖추어야 할 것이 무엇인지 알아보자.

1차 서류전형을 준비할 때부터 유리한 위치를 선점하기 위해서는 '우대·가산점을 주는 항목'을 꼼꼼하게 알아봐야 한다. 대부분의 기업에서 채용 시 우대·가산점을 주는 항목이 서류전형에 포함되어 있다. 우대·가산점을 받을 수 있는 항목 중에는 자격증이 단연 제1순위다. 30대 기업을 비롯해 전체 기업이 자격증을 가장 우선시한다.

자신이 지원한 희망업종과 직접적인 관련이 있는 자격증이어야 함은 두말할 나위가 없다. 그 다음으로는 대기업이 '인턴 경험'이고, 중소기업은 '어학연수'이다. 최근 들어서는 봉사활동이나 이색 경력 항목도 주목받고 있다.

서류전형에서 또 살펴볼 것은 취업스펙의 철저한 해부다. 대졸 신입 응시자의 평균 스펙은 다음과 같다.

항 목	평균 스펙
학 점	3.4점
어학성적 보유	48.3%
어학성적(토익)	774점
자격증 취득	47.5%
대기업 희망	16.5%

업종이나 기업 규모에 따른 지원자들의 취업스펙이 조금씩 다를 순 있지만 평균치로 나타난 수치다. 취업난이 계속되고 있어서 스펙은 다소 올라갈 전망이다. 현재 자신이 가지고 있는 스펙과 어떤 차이가 있는지 비교해서 부족분을 채울 수 있도록 노력하라.

2차 관문인 채용시험도 다시 부활하는 추세다. 기업이 인재를 선별할 때 고만고만한 취업스펙만으로는 구분이 어렵다. 그래서 대기업의 85% 이상이 채용시험을 실시한다. 그리고 이러한 추세는 더욱 확대될 예정이다. 채용시험은 인·적성검사가 필수과목으로 자리 잡고 있다. 그리고 각 기업에서 원하는 인재의 기준에 부합하는지 따지기 위해 기업의 특성과 CEO의 성향에 따라 다양한 시험이 있다. 어학뿐만 아니라 한자, 직무테스트, 역사와 논술까지 시험과목으로 채택하는 곳도 있을 정도다. 채용시험은 입사하자마자 기본적인 업무수행이 가능한지를 따져 보기 위한 일종의 사전테스트다. 대학 4년 동안 영어와 전공만 공부할 게 아니라 기업의 실무에 필요한 최소한의 스킬도 미리 갖추어야 한다.

마지막 관문인 면접은 최종 관문인 만큼 많은 주의를 기울여야 한다. 우선 면접의 형식은 일대일, 일대다 방식 외에 토론과 프레젠테이션 그리고 영어면접이 많이 이루어지고 있다.

기존의 면접 방식인 일대일, 일대다 면접은 말하고자 하는 바와 그 근거를 논리적으로 풀어 가는지를 중요하게 여긴다. 또 역량면접은 복수 이상의 면접관이 지원자 한 명에게 집중적으로 묻는 방식인데, 이때 입사지원서에 기재한 자신의 역량과 관련해 묻기 때문에 미리 정리해 둬야 한다. 토론면접은 얼마나 자신의 주장을 잘 설파하는지를 보는 것 같지만 실제로는 잘 '주고받는지'를 따지고, 경청과 포용력을 주로 살핀다고 한다. 프레젠테이션 면접은 어떤 주제에 대하여 자료를 정리하고 발표하는 과정을 통해 직무와 기업에 대한 이해도를 측정한다. 영어면접은 기본적인 의사소통 능력을 확인한다. 이때 간결하고 자신감 있는 표현을 구사하면 좋은 점수를 얻을 수 있다.

기업의 채용 트렌드에 맞는 인재가 되어라

채용의 형식과 방법은 시대에 따라 바뀐다. 이런 트렌드의 변화는 보통 그 사회의 문화와 정서가 바뀌는 것에 맞춰 이루어진다. 면접만 해도 그렇다. 잔뜩 긴장한 모습으로 정장을 입고 면접을 보던 천편일률적인 방식에서 벗어나 자유분방한 옷차림으로 면접에 임하도록 하는 기업도 있다. 이러한 변화는 기업이 원하는 인재상도 시대에 따라 조금씩 바뀌고 있다는 것을 보여 준다. 그렇다면 자신에 대한 분석, 그리고 기업이 원하는 인재상의 트렌드 파악을 통해 자신의 강점과 트렌드 간의 유사점을 찾아야 한다. 그리고 이러한 유사점을 더 강화시키는 전략으로 취업의 열쇠를 찾는 것이다.

물론 기업이 원하는 인재상은 각 기업의 성격에 따라 조금씩 다르다. 하지만 어느 기업이든 그 목표를 '이윤 창출'에 두고 있다는 것을 생각한다면 기업마다 분명 공통된 트렌드가 있을 것이다. 서점의 자기계발서나 실용서 코너에 가면 요즘 기업이 어떤 인재를 원하는지 제목만 보고도 알 수 있다. 아래는 기업이 원하는 인재의 유형을 간단하게 정리해 놓은 것이다.

- 난관에도 굴하지 않고 도전하는, 진취적이며 패기 넘치는 사람
- 긍정적이고 실천의지가 강한 사람
- 포용력이 있고 경청을 잘하며 대인관계에 능숙한 사람
- 끊임없이 자기계발을 하는 사람
- 창의력과 융통성이 있고 커뮤니케이션이 원활한 사람

- 뚜렷한 가치관과 균형감 그리고 책임감이 있는 사람
- 건강과 마음을 잘 다스리고 가꾸는 사람

이러한 기업의 인재상은 새롭다기보다 기업이 언제나 인재들에게 원해 왔던 것이라 할 수 있다. 다만 경제상황이나 시대적인 배경에 따라 우선순위가 바뀌거나 중요도가 달라질 수는 있을 것이다. 심각한 경제위기에서는 아무래도 진취적이고 도전적인 인재가 필요한 법이다. 또 기업의 보안이 생명인 회사에서는 너무 톡톡 튀는 사람보다 우직하고 입이 무거운 '충성파'가 인재상의 기준이 된다.

IMF 이전에는 학벌이나 성품을 주로 따졌지만 IMF 이후에는 한 우물을 깊이 파는 전문가형, 그리고 무한경쟁에서 살아남을 수 있는 유형이 우선채용 대상이 되었다. 지금은 전문성과 다양성을 합친 멀티 플레이어를 원한다. 거기에 더해 잭 웰치 GE 전 회장이 오바마 미국 대통령을 언급하면서 말한 '4E1P' 유형의 인재가 새롭게 떠오르고 있다. 즉 에너지Energy가 있고, 조직에 에너지를 불어넣는 Energizer가 돼야 하며, 어려운 결단을 내리는 용기Edge 그리고 실행력Execution을 갖추고 있어야 한다. 또 이 모든 것에 열정Passion을 가지고 임하는 사람이 미래형 인재라는 것이다.

변화를 모르면 살아남기가 힘들다. 취업을 할 때도 마찬가지다. 과거의 형태나 기출문제에만 매달려선 안 된다. 지금 현재, 어떤 인재를 원하는지 미리 알고 준비해야 한다.

취업을 위한
로드맵을 짜라

흔히 설득을 하는 커뮤니케이션 방식 중에서 가장 힘든 것이 구전, 구애, 구직이라 한다. 돈을 구하고 사랑을 얻고 직업을 구하는 것이 어디 쉬운 일인가. 그런데 이 세 가지의 설득 커뮤니케이션에서 하나의 공통점을 발견할 수 있다. 그것은 다름 아닌 '자기 노력'이다.

돈을 빌려 본 경험이 있는가. 그렇다면 '자기 노력'의 의미를 새삼스레 강조하지 않아도 무슨 말인지 알 것이다. 지금 내가 필요한 돈이 5만 원인데 마침 수중에 없을 때 가장 먼저 가까운 사람에게 빌리려고 시도하게 된다. 한 번에 돈을 빌릴 수만 있다면 좋겠지만 어느 광고처럼 돈 이야기만 꺼내면 전화를 끊어 버리는 경우를 당할 수도 있다. 일단 실패를 경험한 이상 다시 새롭게 시작해야 한다. 돈을 빌리기 위한 구체적인 계획을 수립하는 것이다. 예컨대 무작정 돈을 빌려 달라고 할 게 아니라 자신이 얼마를 준비했는지를 말하고 일부만 빌려 달라고 한다면 상대방이 느끼는 부담은 조금 덜할 것이다.

구애 역시 마찬가지다. 마음에 드는 대상이 생겼다면 무턱대고 들이댈 것이 아니라 공략 포인트를 찾기 위한 사전조사에 공을 들여야 한다. 구직도 다를 바가 없다. 무작정 일자리를 찾아야겠다는 생각에 앞뒤 가리지 않고 형식과 절차를 무시하면 '낙방'이란 결과만이 기다릴 뿐이다.

무모함이 용기와 도전은 아니다. 아무리 튼튼한 사람이라 하더라도 광활한 사막을 건너려면 지도가 필요하다. 그리고 사막을 횡단할 때 필요한 물자를 구해 놓아야 하고, 또 오아시스가 어디인지 미리 알고 있어야 한다. 비록 한 장의 지도이지만 그 속에는 힘든 여정에 대한 모든 계획과 목표가 담겨 있다. 계획 없이 홀연히 떠나 보는 여행도 좋겠지만 그러한 여행은 멀리, 그리고 오래 할 수는 없는 법이다. 지도가 없다면 사막의 열기와 밤의 삭풍에 시달리다 결국 목적지까지 가지 못하고 구원의 손길만 기다리게 될 것이다. 취업을 향한 여정 또한 이와 다르지 않다.

구직의 단계별 프로세스를 이해하라

구직의 프로세스는 가쁜 숨을 내쉬며 달리는 육상 종목의 110m 허들 넘기와 같다. 출발 대기선에서 기다리는 사람들은 긴장을 털어

내기 위하여 팔다리를 풀며 숨을 고르고 있다. 출발부터 제대로 하지 못하면 실격이다. 간신히 출발을 하면 다음 목표는 결승점이 아니라 첫 번째 허들을 무사히 넘는 것이다. 그래야 나머지 허들도 제대로 넘어 결승점에 도달할 수 있다. 단지 경기에 참여하는 것에 의의를 두고 경기에 나서는 사람은 없을 것이다. 일단 경기에 임한 이상 모든 참가자의 목표는 1등이다. 어느 선수도 꼴찌를 목표로 뛰지는 않는다. 그리고 1등이라 하더라도 기존의 기록을 갱신하는 신기록이어야 그 가치가 더욱 빛나는 법이다.

한 대회를 준비하는 선수는 적어도 6개월 이상 합숙과 반복 연습을 하고, 더불어 전략적 기술을 마련한다. 출발신호가 울리면 어떤 발을 먼저 뗄 것인지, 호흡은 어떻게 조절할 것인지 등 무수히 많은 과학적 연구와 실행연습을 거듭한다.

구직 역시 이 같은 경기와 다르지 않다. 하나의 단계를 거칠 때마다 공략해야 할, 명심해야 할 핵심 포인트가 있다. 먼저 출발신호에 해당하는 것이 바로 직무 결정이다. 어떤 회사를 갈지는 중요치 않다. 하고픈 직무를 결정지어야 그에 맞는 서류를 작성할 수 있기 때문이다. 이때 입사서류는 면접장에 가기 위한 전략만으로 작성해도 좋다. 이미 면접장에 불리어졌으면 입사서류는 잊어도 좋다. 단, 남들과의 경쟁에서 뒤지지 않는 취업스펙 정도는 갖추었거나 혹은 눈에 띌 만한 경쟁력을 인정받았다는 전제가 있어야 한다. 어쨌거나 1등으로 결승점에 도달하는 데 해당되는 것이 면접이라는 의미다. 또 한 가지, 면접을 아주 잘 치르면 연봉이나 근무지 등 본인이 원하는 조건에서 일을 할

110m 허들 육상경기	구 직
출발신호	직무 결정
첫 번째 허들	입사서류 통과하기
1등	면접에서 높은 점수 받기
기록 갱신	원하는 조건 부여받기

수 있게 된다. 평범한 1등을 넘어 신기록까지 세우는 셈이다.

구직의 과정을 쪼개서 생각하지 못하면 무거운 중압감과 스트레스에 휩싸여 어디서부터 어떻게 시작할지 난감해진다.

"입사서류만 50번을 넘게 작성했습니다. 그런데 되돌아오는 건 번번이 '다음 기회에'란 말뿐이었습니다. 도대체 무엇이 잘못된 것일까요?"

졸업 후 약 6개월 만에 조언을 구하기 위해 사무실로 찾아온 그는 무엇이 문제인지 몰라 하소연을 해왔다. 나는 그에게 첫 질문을 했다.

"자네는 무엇을 하고 싶나?"

"글쎄요. 딱히 무엇이라 말하기가……."

"그 직장에서 하고 싶은 일을 말하는 거네."

"아, 예. 아직 구체적으로 생각해 보지 않아서……."

그는 대학을 졸업한 지 6개월이 지나도록 취직만 하려고 했지 구체적으로 무슨 일을 할지는 결정하지 못하고 있었다. 그러니 취업을 시도할 때마다 '다음 기회에'라는 답만 돌아오는 것이다.

구직의 프로세스를 이해하는 것이 중요하다. 어떤 것을 먼저 시작해야 하는지와 이에 해당하는 치밀한 전략이 있어야 한다. 평범한 이력서에, 아무런 특색 없는 자기소개서를 낸다면 거들떠보지도 않는 세상이다. 운이 좋아 1차, 2차까지 합격했더라도 면접을 통과하기란 결코 만만찮다.

무엇을 어떻게 하겠다는 전략 없이 그저 닥치는 대로 면접에 응한다는 것은 나무 밑에서 사과가 내 입으로 떨어지길 하염없이 기다리는 꼴과 다르지 않다. 앞서 언급한 육상선수처럼 한 대회를 치르기 위해 적어도 6개월 이상 전략과 전술을 연마하는 자세가 구직을 앞둔 사람에게도 필요하다.

SWOT 분석으로 로드맵을 짜라

막상 취업 전략을 짜려고 하면 무엇부터 해야 할지 막막하기만 하다. 하지만 모든 전략의 기본은 나를 아는 것이다. 냉정하고 객관적인 자기분석부터 하라. 어떻게 자기분석을 할 것인가는 앞서 다루었지만 여기서는 마케팅 분석의 틀을 빌어서 새롭게 자기분석을 시도해 보자.

우선 SWOT 분석이다. 취업을 준비하는 입장에서 강점strength과 약점weakness, 기회opportunity와 위협threat 요인을 일목요연하게 정리해 보자. 단지 나의 장점과 단점을 정리하는 것이 아니라 주변 환경과 취업 트렌드를 분석해서 기회와 위협 요인까지 파악한다면 구체적인 취업 전략을 수립할 수 있다. 예컨대, 블라인드 면접처럼 학벌과 같은 스펙을 요구하지 않는 채용 트렌드가 대세라면 상대적으로 낮은 등급의 대학 졸업자에겐 기회가 될 수 있다. 면접에서 승부를 걸 수 있다는 의미다. 기회를 제대로 활용하고 위협 요인을 극복하기 위하여 나의 장점을 강화하고 단점을 보완하는 방법을 강구해야 한다.

SWOT 분석을 하려면 취업 환경이나 내 주변의 상황에 대해서도 면밀히 파악하고 있어야 한다. 그래야만 구체적인 대응 방안이 나오기 때문이다. 이러한 분석에는 마케팅에서 말하는 3C 분석기법을 이용하는 게 좋다. Company, Customer, Competitor를 분석하는 것인데 Company가 바로 나 자신에 대한 분석이고, Customer는 내가 지원한 기업이다. 마지막으로 Competitor 분석은 나와 같은 회사를 지원하는 주변의 취업 준비생으로 생각하면 된다.

이런 분석 과정을 거치다 보면 자신의 목표에 대해 자연스레 고민을 할 것이다. 목표가 없는 로드맵이란 있을 수 없다. 누누이 강조하지만 목표는 막연한 꿈이 아니다. 그래서 전문가들은 'SMART'한 목표수립을 하라고 한다.

- Specific: 구체적이어야 한다.
- Measurable: 측정 가능해야 한다.
- Achievable: 달성할 수 있어야 한다.
- Realistic: 현실적이어야 한다.

· Time-based: 기한이 있어야 한다.

이 원칙에 따른 목표가 설정되었다면 환경 분석과 SWOT 분석을 통해 취업 공략의 비법을 얻을 수 있을 것이다. 여기서 남들보다 더 나은 자신을 만들기 위해서는 당연히 자신이 원하는 직종을 정해야 하고, 또 그 직종에 적합한 회사를 선택하여 나 자신의 핵심 역량이나 어필할 수 있는 '취업 매력'을 연마해야 한다. 이 모든 과정이 취업 로드맵을 짜기 위한 사전 작업이다.

단계별·시기별 로드맵으로 취업 공략

분석과 목표수립이 끝났으면 지도를 그려라. 먼저 인생의 로드맵부터 그려 보자. 대학 4년의 각 학년과 20대, 30대 등 시기별로 목표를 정하는 것이다. 이러한 단계별 목표가 정해지면 그에 따른 세부적 전략을 세우기가 쉽다.

대학 2학년에 재학 중인 B군의 경우를 보자. B군은 취업을 생각하기에 앞서 인생의 로드맵부터 그려 봤다. 먼저 자신이 하고 싶은 일과 직종을 결정했다. 그리고 각 학년별로 공략해야 할 전략 수립에 들어갔다. 3학년이 되면 본격적인 취업 준비에 들어가야 하므로 영어면접을 대비한 스터디 그룹을 결성하고 토익 등 공인영어시험 점수도 이 시기에 확보해 두기로 했다. 그리고 대학 4학년이 되면 관련 업종의 인턴과 공모전 그리고 각종 연수를 차근차근 밟기로 했다. 관련 업종에 취업한 후 최소 3년 동안은 전문가가 되기 위한 기간으로 설정했다. 그리고 직장생활 10년차가 되면 자신의 직종과 관련된 분야나 새로운 미래사업 아이템을 발굴해 창업하겠다는 목표를 세웠다. 이렇게 인생의 로드맵부터 짜고 난 뒤에 세부적으로 단계별, 시기별 로드맵을 다시 짰다. 쉽게 말해서 서울에서 부산 해운대까지는 고속도로 지도만 있어도 되지만 부산시내에 들어가면 좀 더 정밀한 부산시내 지도가 필요한 것과 같다.

자신이 목표로 한 직종에 따라 조금의 차이는 있겠지만 대략적인 대학 4년의 로드맵을 그려 보면 다음과 같다. 먼저 대학 1학년 때부터 미리 자신의 목표와 장단기 계획을 짠다. 비교적 시간이 많은 이 시기에는 인맥 형성, 사회봉사, 여행 등 다양한 경험을 쌓는 데 주력해도 좋다. 그리고 자신의 취미에 관련된 각종 동아리 활동 경험도 이 시기에 해보는 것이 좋다.

2학년 때는 자신의 목표와 관련된 정보를 다양한 방식으로 오랫동안 수집한다. 신문기사나 인터넷 정보뿐 아니라 관련 세미나까지 참석한다. 그리고 어학연수를 생각하고 있다면 2학년 방학을 이용하면 좋다.

3학년이 되면 취업에 대해 구체적이고 체계적인 준비를 해야 한다. 기업들이 취업 후 바로 현장에 투입될 수 있는 인력을 요구하는 만큼, 관련 업종의 아르바이트를 하거나 공모전에 나가는 것도 큰 도움이 된다. 한편, 그동안 학점을 소홀히 했다면 이 시기에 학점도 만

회해 두어야 한다. 취업에서 학점의 비중이 상대적으로 낮아지고 있다고는 하지만 기본은 갖추는 것이 좋다. 3.0에서 3.5 이상의 수준이 될 수 있도록 관리하고 만약 부족하다면 계절학기를 이용하여 보충하도록 하자.

4학년 1학기부터는 본격적으로 구직활동에 나서야 한다. 상반기 4~5월, 하반기 9~10월에 하는 공채나 수시채용에 관심을 두고 자신이 취업을 희망하는 기업의 홈페이지에 정기적으로 방문하여 정보를 얻도록 한다. 또 인턴이나 계약직 채용이 있다면 이를 적극 활용하여 현장 감각을 익혀 두는 것이 좋다.

수첩에 자신의 목표와 중장기 로드맵을 항상 기록해서 다니며 6개월, 12개월 로드맵을 짜라. 그래야만 목표와 실행이란 수레바퀴를 굴릴 수가 있다. 또 학교 시험이나 각종 자격증 시험도 단계별 목표로 잡아서 실행해야 한다. 무조건 만점을 받자는 것이 아니라 시기별로 집중할 수 있는 과목과 자격증에 많은 투자를 해 장기적으로는 자신이 원하는 시험을 모두 패스할 수 있도록 하자는 것이다.

그리고 머나먼 여정에서 길을 잃지 않도록 가이드, 즉 멘토를 구하라. 아무리 구체적이고 실행 가능한 목표를 정했다고 하더라도 지칠 가능성은 많다. 시시각각 변하는 환경에서 자신의 목표를 수정해야 할지, 그대로 가야 할지 판단하기가 어려울 때도 있다. 멘토는 이럴 때 실행의 지혜를 주는 사람이다.

커리어 로드맵을 짜라

로드맵은 한 길을 가기 위한 것이다. 이곳저곳을 둘러보며 관광여행을 떠나는 종합지도가 아니다. 대학 저학년 때부터 멀리 내다보고 주도면밀한 지도를 만들어야 한다. 취업을 코앞에 둔 4학년도 마찬가지다. 지나간 아까운 시간을 후회만 하지 말고 남은 몇 개월만이라도 로드맵을 짜라. 최근 취업박람회나 관련 사이트에 들어가면 '커리어 로드맵'을 짜야 한다는 말을 심심찮게 들을 수 있다. 취업스펙만 보지 말고 자신이 원하는 직종에 들어가기 위해 '결정적인 한방'을 갖추도록 노력하라는 말이다.

커리어 로드맵은 앞서 말한 인생의 로드맵과 궤를 같이한다. 어떤 이는 대학에서 전공을 정하는 것에서부터 커리어 로드맵을 고민한다. 전공 이수, 직종 선택, 회사 경력까지 멀리 내다보는 커리어 로드맵은 십수 년의 인생계획을 짜는 것과 같다. 이 과정을 일찍 하면 할수록 취업에 대한 부담이 줄고 성공의 가능성이 높아진다.

기업 역시 분명한 목표와 로드맵을 가진 사람을 선호한다. 자신이 치밀하게 준비하고 선택한 직종이기 때문에 업무 몰입도나 성과 창출 능력이 크다고 판단하기 때문이다. 커리어 로드맵의 중요성이 대두되자 각 대학에서도 관련 교육 프로그램과 강좌를 열어 학생들에게 도움을 주고 있다. 자신이 다니는 학교에서 운영하는 이러한 프로그램을 놓치지 말고 수강해서 나만의 커리어 로드맵을 짤 수 있도록 하자.

커리어 로드맵의 핵심은 '구체적'이어야 한다는 것이다. 진로를 분명하게 해야만 불필요한 데 시간을 뺏기지 않는다. 우선 각종 진로 선택 관련 적성검사는 필히 받아라. 그리고 전문가의 조언을 꼭 들어서 가급적 일찍 진로를 결정하라. 또한 학점 이수 과목을 선택할 때도 단지 학점을 잘 주는 과목이 아니라 나의 커리어에 도움이 되는 과목을 들어야 한다. 커리어 로드맵을 짜두면 남들 따라 가는 어학연수나 각종 취업 관련 연수, 휴학 등도 자제할 수 있다.

취업 이전에 고민한 커리어 로드맵은 입사 이후에도 여전히 중요하다. 10년 넘게 무슨 일을 할지 정한다고 했을 때 취업 이전에 미리 커리어 로드맵을 짜야만 경력 관리가 가능하다.

04 4학년, 취업 시간표를 짜라

'Impossible'. 취업 현장에서 어려움을 겪으면 겪을수록 생각나는 단어다. 이 단어를 'possible'로 만들려면 어떻게 해야 할까? I와 m 사이에 「'」를 넣으면 된다. 즉 내가 가능한 일을 해야 하고, 성과가 나올 수 있도록 해야 한다. 말 그대로 '선택과 집중'이다. 그렇기 때문에 취업을 목전에 둔 4학년은 시간이 오래 걸리는 일에 매달려선 안 된다.

나는 4학년 대상 취업특강을 나가면 '무모한 토익 공부'는 그만두라고 한다. 이 말을 하는 순간 여기저기서 웅성거린다. 단 1점이라도 아쉬운 마당에 그만두라고 하니 의아하다는 반응이다. 외국어 능력은 취업에서 중요한 평가 기준이지만 입사지원서에 적어 내는 점수가 마지막이 아니다. 그런데 단지 취업 때문에 아까운 시간을 토익에 쏟아 부어서는 안 된다. 또 4학년이 된 지금 400점대인 토익 성적을 단 몇 달 만에 900점대로 올린다는 게 어디 쉬운 일인가? 가능한 사람도 있겠지만 결코 쉬운 일이 아니다.

외국어 점수에 비중을 많이 두는 기업은 대개 대기업이다. 글로벌 환경에서 경쟁하기 위해서는 의사소통능력을 갖추고 있어야 하기 때문이다. 그렇다면 토익점수가 고득점일수록 합격 확률도 상대적으로 높다고 생각하기 쉽다. 그런데 자세히 들여다보면 구직자들의 생각과는 실상이 다르다.

대기업의 서류전형 통과 기준을 보면 토익 700점과 900점은 별 차이가 없다. 인문계 졸업생은 700점이 넘으면 영어분야에서 같은 점수를 받는다. 토익점수보다 더 중요한 것은 실제 회화능력이다. 이를 평가하기 위해 영어로 말하기를 테스트한다거나 원어민 앞에서 면접을 보기도 한다.

4학년이 되면 더 이상 토익점수를 위해 많은 시간을 뺏길 필요가 없다. 자신의 부족분을 채우고, 강점을 더욱 돋보이게 할 수 있도록 남은 기간을 보내야 한다. 대학 1학년 때부터 자신이 희망하는 직업과 관련한 전공을 선택하고 미리 중·장기적인 준비를 한 사람이 훨씬 유리하겠지만, 마지막 4학년은 그래도 반전을 기대할 수 있는 한 해다. 그러나 무협지에서처럼 갑자기 기연(奇緣)이나 무림비급을 얻어서 고수가 되는 행운은 오지 않는다. 1년을 어떻게 계획하고 실천하느냐에 반전의 가능 여부가 달려 있다. 구직 시간표를 짜면서 버릴 것은 버리고 취할 것은 확실하게 취하는 4학년이 되어야 한다.

버릴 건 버리고, 취할 건 취하라

4학년이 되면 무엇보다 심리적 압박감 때문에 힘들어하는 학생들이 많다. 당장 무엇을 해야 한다는 강박관념이 주변을 차근차근 살필 수 없도록 만든다. 이렇게 조급한 마음에 허둥지둥하고 있다간 아까운 시간만 날아간다. 빠듯한 시간과의 어지러운 싸움이 계속되면 자칫 중요한 것을 놓치기 마련이다.

4학년 동안 단기 일정표를 짜는 것은 이런 혼란에서 벗어날 수 있는 나침반을 마련하는 것과 같다. 물론 장기적인 관점에서 로드맵을 짠 후 일찍 취업 전략을 세우고 내실 있는 준비를 했다면 더없이 좋겠지만 그렇지 못했다고 해서 자포자기할 수도 없다. 혹자는 구직 일정표는 단순한 시간표가 아니라 설계도라고 말한다. 건축물을 지을 때 설계도 없이 지을 수는 없지 않은가. 땅과 자재뿐만 아니라 완공될 때까지의 공기, 즉 기간도 정해 놓아야 한다. 그리고 각각의 공정을 점검하며 제대로 건물이 지어지고 있는지 확인을 해야 부실공사를 막을 수 있다.

딱 1년이다. 물론 취업될 때까지 얼마나 걸릴지는 모른다. 하지만 기약도 없이 매달린다면 지쳐 쓰러질 뿐이다. 딱 1년이라는 각오 하에 구직 일정표를 짜서 최대한 높은 성과를 올릴 수 있도록 집중해 보자.

우선 약점을 보완하기 위해 냉정한 자기분석으로 보완해야 할 항목을 정리한다. 만약 토익점수가 500점이라면 최소한의 취업스펙 기준에는 맞춰야 한다고 볼 수 있다. 앞서 이야기했지만 토익점수에만 매달릴 필요는 없다. 하지만 부족분은 반드시 채워야 한다. 물론 가장 효과적인 방법으로 시간낭비가 되지 않도록 말이다. 1학기 토익 점수가 500점이라면 목표 점수를 채우기 위해 어떻게 시간 배분을 할지 정해야 한다. 다른 단점에 대한 보완도 이와 같이 하면 된다. 그런데 모든 단점을 다 보완할 수는 없으니 사안에 따라 포기할 수 있는 부족분은 과감히 포기하자. 그리고 자신이 선택한 것에 대해서는 더욱 집중을 하는 것이다.

일정표에서 중요한 것은 번지르르한 계획보다는 실천 가능한 그리고 측정 가능한 목표치 설정과 실천, 점검이 제대로 이루어져야 한다는 점이다. 일간 · 주간 · 월간 · 학기 일정표는 체크리스트의 역할도 철저히 함께해야 한다. 아래의 주간 일정표를 참조해서 자신의 일정표를 짜보도록 하자.

주간 일정표			
요일	활동 내용	경력개발 시간	성과 목록
월		_____시간	
화		_____시간	
수		_____시간	
목		_____시간	
금		_____시간	
토		_____시간	
일		_____시간	

1년을 꼼꼼하게

4학년에 올라가자마자 취업 경쟁은 치열하게 시작된다. 취업시즌 별로 1년 계획을 세워 준비해 보자. 당장 2월과 3월이 되면 채용이 시작된다. 이 시기엔 중소기업의 채용이 많은데, 2월 졸업예정자를 대상으로 하고 있다. 지금 막 4학년이 된 학생과 무슨 상관이 있느냐고 물을 수 있을 것이다. 하지만 분명 상관이 있다. 미리 입사지원서를 작성해 인턴 응시가 가능하기 때문이다.

진로를 결정하지 못했다면 이 시기에 집중적으로 인·적성검사를 할 필요가 있다. 인·적성검사를 통해 자신의 진로를 결정하는 것은 물론이고 미리 희망 기업의 시험 형식에 적응하는 과정으로 생각해야 한다. 그리고 대학시절 동안 동아리 활동이나 봉사활동 경험이 일천하다면 이때부터라도 해야 한다. 누누이 강조하지만 기업은 취업 스펙만 따지지 않는다. 얼마나 활동적이고 리더십이 있는지도 중요하게 보기 때문에 미리 경험과 실력을 쌓아 두어야 한다.

4월은 대기업 상반기 공채가 이루어진다. 8월 졸업예정자를 대상으로 하는 채용전형이다. 졸업예정자가 아니더라도 이때부터 본격적인 취업 전쟁을 체험할 수 있다. 이때 취업 지원을 하는 선배들을 유심히 눈여겨봐라. 당장 입사지원서를 내밀어야 하는데 마음 편하게 토익이나 시험 대비 공부를 할 수는 없다. 이력서와 자기소개서를 효과적으로 작성할 수 있는 훈련과 면접 대비를 중점적으로 하는 것이 가장 효율적이다. 선배들이 어떻게 이런 준비를 하는지 관찰하면서 입사지원 경험을 최대한 많이 확보하고 관련 정보를 축적해 놓아야 한다.

5월은 대학에서 취업을 대비한 각종 프로그램이 본격적으로 시행되는 시기다. 취업캠프나 취업 주간 행사 프로그램이 진행되고, 국내외 연수 프로그램에도 참여할 수 있다. 취업 전문가와의 상담을 통해 향후 취업을 위한 최소한의 스펙을 만들 기회도 가질 수 있다.

6월은 1학기를 마치는 때다. 중간고사와 기말고사 학점을 관리하는 것은 기본이다. 한 학기를 마치면 여름방학의 들뜬 기분은 빨리 잠재우고 지난 1학기를 점검하자. 졸업학점이 모자라지 않는지도 철저히 체크해야 한다. 만약 모자라다면 계절학기를 통해 학점을 이수해야 하기 때문이다. 그리고 6월은 상반기 인턴 채용 시기이니 적극적으로 관심분야 인턴사원에 응시한다. 관련분야의 실무경험은 돈 주고 학원 가서도 못 배우는 것이다.

여름방학은 계절학기 수강이 아니더라도 할 일이 많다. 아르바이트나 인턴, 공모전에 적극 참여하여 나만의 포트폴리오를 쌓을 수 있는 중요한 시기다. 또 취업캠프에 들어가 집중적으로 채용 과정을 경험해 볼 수도 있다. 여름방학을 기점으로 본격적인 취업 준비에 들어가야 한다. 당해 연도 채용 동향과 그동안 써왔던 입사지원서, 이력서, 자기소개서의 최종 완성도를 높이는 데 집중해야 하는 시기다. 방학 이후부터 공부보다는 정보 습득, 자기관리, 포트폴리오 정리 등으로 2학기를 시작하게 될 것이다.

2학기는 실전으로 돌입하는 시기다. 서류전형과 시험은 이 시기에 어느 정도 마무리해야 한다. 자신이 목표로 한 직종과 직업에 대해 최대한 많은 채용정보를 확보하고 인맥 등을 통한 생생한 정보를 취득하여 면접에 중점적으로 대비해야 한다.

인재(人材)가 되기 위한 핵심전략

PART 1

PART 2

PART 3

PART 4

PART 5

01 | 취업지수, know yourself!

02 | 5%가 되어라

03 | 얼리어답터가 되어라

04 | 일하고 싶은 현장에 뛰어들어라

05 | 10년 후 목표를 정하라

01 취업지수, know yourself!

꿈은 클수록 좋다. 원대한 꿈을 품은 자가 세상을 얻을 수 있다고 한다. 그러나 실현 가능하지 않은 꿈은 몽상일 뿐이다. 큰 꿈을 가진 사람일수록 치밀하고 구체적인 전략과 계획이 있어야 한다. 또 자신의 가치에 대해서도 냉정하게 판단할 줄 알아야 한다. 현재의 가치를 알지 못하는데 미래의 가치를 논한다는 것은 한낱 춘몽에 불과하다.

취업을 향한 꿈은 몽상에 그쳐선 안 된다. 지극히 현실적인 경제활동과 사회활동을 하기 위한 전초전인 취업은 기필코 이루어야 할 인생 과제이다. 지금 이 순간에도 대부분의 사람들이 높은 연봉에, 쉴 땐 쉬고 일할 땐 일하는 일류 기업에 들어가고 싶다는 꿈으로 맹렬히 도전하고 있다. 그러나 채용시즌이 다가오면 다가올수록 자신의 '취업 밑천'이 부족하지 않을까 하는 불안한 마음이 들기 시작한다. 자신만만한 모습으로 패기 있게 도전해야 하는데 그렇지 못한 것이다. 주위를 둘러봐도 취업스펙이나 저마다의 필살기가 만만찮아 보인다.

대사를 앞두고 긴장하기는 모두가 매한가지다. 이럴 때일수록 노심초사하기보다 자신의 '취업지수'를 다시 한 번 진단해서 최종 준비를 마무리해야 한다. 취업지수란 취업에 필요한 능력과 기술을 측정한 것이다. 이때 직무와 직접 관련 있는 기술을 가지고 있다면 아마 1순위로 뽑힐 것이다. 그러나 신입사원 채용은 경력직을 뽑는 게 아니다. 그러다 보니 직무 관련 능력보다 우리가 알고 있는 취업스펙이 취업지수의 우선 기준이 된다.

취업을 앞둔 학생들에게 자신의 취업지수가 몇 점이나 되는지 물어보면 대개 머뭇거린다. 자신 없는 목소리로 "한 70점 정도?"라고 수줍게 이야기한다. 이건 수줍다거나 겸손하다기보다는 심각한 것이다. 90점도 만점에서 10점이나 모자라 불안할 지경인데 70점이라니, 도대체 취업을 염두에 두고 있는 것인지 슬슬 걱정이 된다. 싫든 좋든 입사지원서에는 이것저것 자신의 취업스펙을 기재해야 하는 것이 현실이다. 그런데 이것들을 하나하나 적어 나가다 보면 슬슬 불안해지기 시작한다. 입사지원서에 뭔가 채우긴 채워야 하는데 자격증도 딱히 내세울 게 없고 외국어 점수도 모자라니 말이다. 이런 부족분이 바로 불안감의 원천이다. 그렇기 때문에 취업을 코앞에 두고 부랴부랴 입사지원서를 작성할 게 아니라 미리 작성해 봐야 하는 것이다.

그렇다고 해서 대학 성적이나 외국어 점수 등 일반적으로 입사지원서에 기재할 항목만 신경 써선 안 된다. 이와 더불어 자신의 잠재적인 능력을 보여 줄 수 있는 게 무엇인지도 면밀히 고민하고 취업지수를 높여 채용담당자에게 어필해야 한다.

취업지수의 궁합을 맞춰라

취업을 앞둔 대학생들이 생각하는 취업지수와 실제 채용을 담당하는 기업의 인사실무자가 생각하는 그것은 사뭇 다르다. 이 말은 학생들이 번지수를 잘못 찾아도 한참 잘못 찾는다는 뜻이다. 이래저래 부족한 것이 많다고 해서 모든 걸 채울 수도 없는데, 정작 '채워야 할 것'을 채우지 못하고 엉뚱한 것에 아까운 시간을 보낼 수는 없다. 그런데도 학생들이 이걸 모르고 있다는 것은 그만큼 실전 정보에 어둡다는 뜻이다. 인맥이나 동호회를 통해 실전 정보를 최대한 많이 확보하라고 강조하는 이유가 여기에 있다.

손자병법을 다 읽었다고 해서 당장 전투를 잘 치르고 전쟁에 승리할 수 있는 것이 아니다. 전장에서 어떤 일이 일어나는지, 적의 동태가 어떤지 실제로 알지 못한다면 병법 따윈 아무 짝에도 쓸모가 없다. 취업 인사 포털 인쿠르트에서 상장기업 354개를 대상으로 조사한 바에 따르면, 2008년도 하반기 기업 공채 시 채용담당자들이 매긴 평가 항목의 순위는 다음과 같다. 1순위로는 자격증이 압도적이다. 그 다음이 인턴 경험, 어학연수, 어학 능력, 공모전 입상 경력, 아르바이트 경험, 봉사활동 순이었다. 경제불황을 맞아 당장 실무에 투입할 수 있는 지원자를 먼저 뽑겠다는 기업의 의지를 분명히 알 수 있는 지표다. 2009년 2월 초에 또 다른 취업 포털에서 조사한 결과도 '경력사항'이 우선순위였다. 이 역시 철저히 실무 위주로 역량을 평가하겠다는 의미이다.

그런데도 학생들은 입사지원서 잘 쓰는 법, 면접 잘 보는 법 등에만 치중한다. 당장 필요한 '잔기술'만 신경 쓰는 것이다. 물론 지원서나 면접도 중요하지만 그 이전에 서류전형부터 통과할 수 있는 평가항목에 대해 준비해야 하지 않을까?

기업은 구직자의 취업지수를 다시 인성과 역량이라는 두 가지 측면에서 판단한다. 역량은 결국 당장 일을 할 수 있느냐를 따지는 것이다. 과거처럼 채용하고 난 뒤에 차근차근 가르칠 만한 여유가 없다. 그래서 구직자가 과연 얼마나 능동적으로 일을 하는가, 일을 수행할 수 있는 기본 능력은 있는가를 꼼꼼하게 따진다.

아직 채용도 안 된 상태에서 구직자의 역량을 파악할 수 있는 방법으로는 대학시절 전공 관련 과제나 프로젝트를 수행했던 과정을 참조하는 것이 있다. 그렇다면 어떻게 프로젝트를 이해하고 또 효율적으로 프로세스를 따라가는지 보여 준다면 일반적인 취업스펙보다 더 큰 점수를 얻을 수 있을 것이다. 이를 위해서는 기업이 원하는 역량을 갖추기 위해 노력했던 것을 보여 주면 된다. 인턴사원 경력이나 동아리 활동, 사회경험 등의 과정을 일목요연하게 정리해서 어필하는 것이다.

그런데 역량은 객관적으로 보여 줄 수 있다고 해도 인성은 어찌 보면 상당히 주관적인 평가일 수 있다. 그러다 보니 그동안은 인성보다 능력이나 취업스펙 위주로 인재를 뽑는 경향이 강했다. 그러나 최근에는 도덕경영이 기업의 생존까지 좌지우지한다. 영화 〈겜블Rogue Trader〉로도 알려진 한 은행원의 이야기는 이제 더 이상 남의 이야기가 아니다. 부도덕한 일개 은행원의 사기행각으로 영국의 베어링은행은 파산하고 만다. 이 밖에도 수많은 기업의 실패에는 구성원의 부도덕함과 어긋난 인성으로 인한 비리가 있었다.

인·적성검사나 직무적성검사는 이제 채용 과정에서 반드시 거쳐야 하는 단계가 되었다. 또한 면접에서도 인성에 대한 여러 가지 질문을 던진다. 기업이나 일에 대한 사명감, 규칙을 지키며 팀워크를 해치지 않는 협동성, 어려운 일이나 새로운 것에 대한 도전의식, 철저히 고객의 입장에서 일을 하는 고객지향 등이 인성평가의 주요한 잣대이다. 이 중에서 기업은 성실성이나 적극성, 협동성 등 전통적인 직장인의 이미지를 많이 따진다. 기업에 대한 충성도와 팀워크는 조직의 근간이기 때문이다.

취업지수는 채용의 단계에 따라 다르다. 2009년 2월에 나온 한 보도자료에 의하면, 서류전형과 채용시험 과정에서는 경력사항을 가장 우선시했고, 그 다음으로 전공과 학력 순이었다고 한다. 이것만 보더라도 기업이 실무 관련 역량을 중점적으로 보고 있음을 알 수 있다. 면접에서는 인성과 같은 한 개인의 종합적인 성향을 평가한다. 평가 항목의 우선순위는 성격이나 성향, 첫인상, 지원 동기와 회사에 대한 관심도, 가치관, 인품, 미래 발전 가능성 순이었다. 특히 조직에 대한 충성도와 장기근속 가능성을 많이 엿보려고 했다. 아무래도 높은 이직률로 인한 문제 발생을 막겠다는 취지와 경제불황의 심화 때문에 흔들릴 수 있는 충성도를 알아보려는 이유가 크다.

　이처럼 구직의 프로세스에 따라 취업지수의 비중이 다르다는 것을 감안하고 부족분이 무엇인지 명확하게 파악해야 한다. 그리고 어떤 것을 집중해서 강화할지, 또 과감히 포기할 것은 무엇인지 선택해서 최적의 취업지수를 갖출 수 있도록 하자.

취업지수와 선호 환경

　취업시즌이 됐다고 해서 무작정 원서를 뿌리고는, "하나만 걸려라!"라는 식으로 기다려선 안 된다. 내가 어떤 기업에 입사하고 싶은지 먼저 결정하고 거기에 집중해야 한다. 그래야만 취업지수가 올라간다. 아직도 무엇을 할지 결정하지 못하고, 정말 내가 원하는 기업이 어디인지 모른다면 지금이라도 차근차근 알아보자.

　무엇을 하고 싶은지 알려면 내가 어떤 지식을 가지고 있는지 또 그 지식을 적용할 수 있는 능력과 역량이 있는지부터 살펴봐야 한다. 먼저 지식은 자신이 구직을 위해 습득한 교육과정을 말한다. 보통은 전공을 생각할 수 있다. 이런 지식을 구현할 수 있는 기술을 갖추었다면 희망 직종이나 직무는 쉽게 도출할 수 있다. 능력이나 역량은 직무 수행에 필요한 실무 능력을 말한다. 커뮤니케이션 능력이나 직무에 따른 능력, 즉 마케팅 역량, IT 역량 등이 바로 그것이다.

직무는 막연히 하고 싶다고 해서 결정하는 것이 아니다. 본인의 희망과는 별개로 주위의 도움을 받을 필요가 있다. "넌 성격이 꼼꼼해서 은행원이 딱 어울려!"라는 식으로 주변에서 자신에게 했던 말들을 한 귀로 듣고 흘려서는 안 된다. 이런 주위의 평가, 특히 오랫동안 자신을 지켜본 부모님이나 친구, 학교 선생님의 평가는 객관적인 분석으로 볼 수 있다.

그런 다음에 스스로 자신을 분석한다. 나의 성향과 흥미가 어울리는 직무가 무엇인지 실제 직업군과 연결시켜 보고, 또 관련 업계의 롤모델을 찾아서 그 사람의 자전적 이야기 등을 구해 보면 이해에 도움이 될 것이다. 빌 게이츠나 스티브 잡스의 이야기에는 현재의 영광뿐 아니라 그들의 성장을 비롯한 라이프 스토리가 포함되어 있다. 이를 통해 그들의 성격과 흥미 등이 어떻게 지금의 모습으로 연결됐는지 확인할 수 있다. 자신이 희망하는 직무가 어떤 것인지 윤곽이 드러나면 철저한 자기분석을 해야 한다. 앞에서 언급했던 SWOT 분석 등을 통해 무엇이 약점이고 강점인지, 그리고 기회와 위협 요인이 어떤 것인지 파악하고 준비를 한다.

내가 하고자 하는 직종과 직무가 결정된 상태에서 어떤 기업에서 근무하고 싶은지 물으면 어떻게 답을 할까? 자신이 원하는 환경을 생각하면 답이 나온다. 먼저 본인이 원하는 연봉이다. 신입사원의 초임 연봉이 3,000만 원은 되어야 한다고 생각한다면 일단 대기업이나 금융권 그리고 공기업이 우선 대상이다. 그렇다면 자신의 취업지수가 이런 곳에 취업이 가능한 정도인지 본인이 판단할 수 있다. 안 된다면 눈높이를 낮추거나 구체적으로 취업지수를 끌어올릴 수 있는 실현 가능한 방안을 강구해야 한다.

다음으로 고려해야 하는 것은 어디서 근무하느냐이다. 서울이나 수도권에 사는 학생은 특수한 경우가 아닌 이상 지방에서의 근무는 꺼릴 수밖에 없다. 그럼에도 불구하고 실제 지원을 할 때는 이를 별로 중요하게 생각하지 않는다. 지방 출신 학생도 마찬가지다. 대학을 서울에서 나왔다면 당연히 서울에서 직장생활을 하고 싶겠지만 이제는 부모님의 도움 없이 독립을 해야 한다. 즉, 혼자만의 힘으로 거주 공간이나 살림을 마련하고 꾸려 가야 한다는 것이다. 이런 환경의 변화를 중요하게 생각하지 않으면 나중에 직장생활을 할 때 의외로 재정적인 문제 때문에 힘들어질 수가 있다. 이런 이유 등으로 대기업은 대체로 입사지원을 받을 때 지원자로 하여금 희망근무지역을 선택하게 한다. 그리고 가급적 연고지 중심으로 배치를 하는데, 안정적인 장기근속을 염두에 둔 조치라고 이해하면 된다.

연봉이나 근무지역 외에도 근무 환경이나 회사 규모도 함께 고려하면 자신이 원하는 기업의 형태가 좀 더 구체적으로 그려진다. 그럼 자신이 지원해야 하는 기업의 리스트가 명확하게 나올 수 있다.

이렇게 목표가 좁혀지고 명확해지면 그에 맞는 '맞춤식 취업 준비'를 할 수 있다. 맞춤식 취업 준비를 하면 자신을 해당 기업이 요구하는 인재에 더욱 가깝게 만들 수 있기 때문에 당연히 취업지수를 높일 수 있다.

5%가 되어라

"빌게이츠가 전용기를 타고 날아와서 나를 모셔간다!" 과연 불가능한 일일까? 물론 빌게이츠가 은퇴하지 않았다는 전제 하에서다. 나는 '가능하다'에 한 표를 던진다. 단, 내가 이 세상에서 유일한 스페셜리스트가 되었을 때 말이다.

실제로 빌게이츠는 그가 경영전선에 몸담고 있던 시절 훌륭한 인재를 모시기(?) 위해 지구촌의 오대양 육대주를 멀다 않고 날아다녔다고 한다. 무엇이 아쉬워서 세계 최고의 갑부인 그가 직접 인재를 모시러 다닐까도 싶다. 특히나 그 자신이 인재의 롤모델인데 말이다.

빌 게이츠와 같은 스페셜리스트는 말 그대로 생각이나 행동도 '스페셜'하다. 현재의 수준에 만족하지 않고 미래의 경쟁력을 위해 인재 영입에 팔을 걷어붙이고 나서는 것이다. 그는 인재를 영입하기 위해 전용기만 띄운 게 아니다. 스탠퍼드대학 교수인 인도 출신의 아눕 굽

타를 MS에 데려오기 위해서는 그 교수가 운영하는 회사를 통째로 인수하기도 했다. 뿐만 아니라 매년 전 세계의 대학생을 인턴으로 채용하여 인재를 찾아냈다.

현재 기업들은 21세기의 치열한 경쟁에서 살아남고 경쟁력을 갖추기 위해 인재 발굴에 매달리고 있다. 기업은 전체 사원 중에서 단 5%만이 핵심인재라고 본다. 이는 기업이 원하는 인재상에 적합한지 여부를 따져 채용한 사원들 중에서도 소수만을 핵심인재로 생각한다는 뜻이다. 게다가 모 대기업의 회장은 "단 1명의 핵심인재가 1만 명을 먹여 살린다."라며 적극적인 인재경영을 앞세우고 있다. 이러한 현실에서 남들과 별 다른 차이가 없는 '학점 좋은 모범생'이라는 조건만으로 취업의 좁은 터널을 통과하기란 어려울 수밖에 없다. 누구나 다 준비하는 영어와 학점 관리 그리고 시험 대비 등으로는 기업이 원하는 인재상에 근접하기 어렵다는 뜻이다.

최근 기업은 핵심인재를 키우는 데 총력을 기울이고 있다. 신기술이든 신성장 동력이든 결국 사람이 하는 일이다. 그중에서 극소수의 인재만을 집중적으로 관리해서 향후 CEO의 자질까지 갖추도록 키우려는 것이다. 기업의 원하는 인재상은 앞서 언급했던 '나만의 필살기'나 곧바로 '현장에 투입할 수 있는 능력' 등을 보유하고 있는 사람이다. 그래서 국적이나 나이, 인종, 성별을 불문하고 '능력' 하나로 판단하겠다는 기업들이 점차 늘고 있다. 국내의 좁은 울타리를 넘어서 글로벌 경쟁 시대에서 살아남기 위해 학연, 지연, 학벌에 연연하지 않고 오로지 차별화된 개인의 역량만으로 판단하겠다는 것이다. 블라인드 인터뷰나 직종과 연관된 인터뷰 등을 하는 데서도 선입견 없이 능력 하나만을 보고 판단하겠다는 기업의 의지를 엿볼 수 있다.

냉혹한 현실 속에서도 먼 미래를 보는 혜안은 필요하다. 기업이 원하는 스페셜리스트, 즉 상위 5%는 환상이 아니라 우리가 도달해야 할 목표다.

26점짜리 범재(凡才)가 될 것인가

온 국민이 2002년 월드컵의 4강 신화에 들떠 있을 때 전경련이 발표한 자료에 따르면, 기업이 생각하는 평균적인 대학생은 100점 만점에 26점 정도밖에 되지 않았다. 대학이란 학벌만 갖췄을 뿐, 실무 관련 지식이나 기술 등은 형편없다는 진단이다. 이런 평가는 몇 년이 지난 지금도 별반 나아지지는 않았다. 기업의 입장에서 보면 대학에서 인재육성을 제대로 하지 못한다는 뜻이다. 무한경쟁 시대에서 유능한 인재는 절실히 필요하다. 그렇다면 나 스스로 기업이 요구하는 자질을 갖추어 그들이 탐내는 유능한 인재가 되어야 한다.

기업의 인력 교체는 더 이상 과거처럼 먼저 취업한 사람이 정년퇴직한 빈자리를 메우는 순환구조가 아니다. 대기업이나 중소기업 모두가 원하는 것은 미래의 최고경영자로 키울 수 있는 인재 발굴에 있다. 이렇게 선발된 인재는 채용되는 순간부터 '예비임원'의 과정에 입문했다고 볼 수 있다. 그때부터 소수 정예에게만 부여되는 교육과 각종 업무 및 리더십에 대한 적응훈련을 거치게 된다.

삼성의 경우, '천재경영'이라 하여 핵심인재 발굴과 육성에 총력을 기울이고 있다. 안팎으로 인정받고 있는 인재양성 과정을 거친 우수인재를 다시 삼성의 구조조정본부에서 임원 승진 대상자로 가려, 말 그대로 핵심인재로 거듭나게 만드는 것이다. 이뿐만이 아니다. 지난 10여 년 동안, 전 사원 중 1%에 해당하는 지역전문가를 2,000명 넘게 키워 냈다고 한다. '능력 우선', '국적 불문'의 원칙으로 인재를 관리하는 삼성은 1년 동안 전 세계에 전용기를 50여 차례나 띄울 정도로 인재 찾기에 여념이 없다.

LG 또한 인재 발굴이라면 뒤지지 않는다. 우선 임원이나 팀장급 인사평가에서 인재를 얼마나 잘 관리했는지 수치로 측정하게 해서 반영하고 있다. 또한 국내외 대학과 연계한 '글로벌 비즈니스 리더' 육성, 산학협동을 통한 '맞춤형 인재' 찾기 등 인재 발굴에 투자를 아끼지 않고 있다.

이 밖에도 많은 대기업과 중소기업들이 '인재경영'을 강조하고 있다. 단지 시스템이나 막강한 자본력만으로 기업의 경쟁력을 키울 수 없고, 결국 뛰어난 인재가 회사의 미래를 좌우한다는 판단이 확산되면서 인재 확보 경쟁은 갈수록 치열해질 것이다.

26점짜리 범재로서는 간신히 취업에 성공할지는 몰라도 그 이상의 미래는 장담할 수 없다. 수백 명, 아니 수천 명을 뽑는 신입사원 채용에서 한 무리에 들어 있는 '그렇고 그런' 존재로 머물러서는 안 된다. 지원한 회사가 원하는 '5%의 인재'가 무엇인지 미리 알고 준비해야 한다. 이는 화려한 취업스펙만으로 되는 게 아니다. 토익 만점 자보다 낮은 토익점수에도 불구하고 회화를 잘하는 사람이 진정한 5%의 인재로 인정받는다는 것을 명심하라.

맞춤형 인재가 되어라

"뽑아만 주신다면 무조건 열심히 하겠습니다!", "열심히 배우고 회사에 도움이 되는 존재가 되겠습니다!"라고 호기롭게 외친다고 해서 그것이 패기의 상징이 되지는 않는다. 기업은 한가롭게 배울 때까지 기다려 주지 않는다.

기업이 원하는 인재라는 것은 미래에 대한 대비에만 국한되지 않는다. 당장의 기업 실무에 필요한 알짜배기 인재를 뽑는 것도 채용담당자의 중요한 과제다. 과거에는 도제식 인사시스템으로 업무를 숙련시켰다. 군대에서나 쓰는 '사수'와 '부사수'의 관계가 직장에서도 적용되어 몇 년간 밑에서 일을 배우게 했다. 이때의 덕목은 성실함과 책임감이었다. 그러나 지금은 그럴 시간이 없다. 기업은 채용하자마자 당장 실무에 들어갈 수 있는 사람을 원한다. 시시각각 변하는 경영환경에 기존 사원의 숙련된 경험이 그대로 적용되지도 않을 뿐더러, 처음부터 '기초'를 가르치는 비용 부담도 만만찮다.

'맞춤형 인재'란 기업이 지금 당장 절실히 필요로 하는 인재라는 말이다. 정기적으로 뽑는 신입사원 공채보다 이런 '맞춤형 인재'로 뽑히는 것이 직업 활동에 더 유리할 수 있다. 맞춤형 인재가 되는 방법은 의외로 가까이에 있다. 당장 내가 다니는 학교에서 운영하는 산학협력 프로그램을 검색하고 자신의 적성에 맞는 과정에 참여하라. 이 과정 또한 취업 지원자로서는 중요한 경력 포인트로 삼을 수 있다. 그리고 기업에서는 주로 산학협력 과정을 통해 맞춤형 인재를 뽑기 때문에 취업의 문에 좀 더 다가갈 수 있다.

기업에서는 그들이 원하는 직무과정을 배운 인재를 지속적이고 안정적으로 공급받을 수 있고, 대학이야 취업률을 높일 수 있는 기회다 보니 양쪽 모두가 적극적으로 이 제도를 운영하려고 한다. 일례로 자동차 부품 업체가 대학과 산학협력 프로그램을 운영하면서 계절학기 현장실습 등을 통해 학생들을 훈련하는데, 나중에 이 학생들이 입사하면 최소한 1~2년 정도의 실무경험을 갖춘 경력직 사원과 같은 뛰어난 실력을 발휘한다고 한다.

인터넷 업체나 벤처 업체 그리고 대기업도 이런 과정을 운영한다. 기술분야의 산학협력 과정이 많지만 경영, 리더십 등 다양한 분야로도 산학협력 프로그램이 있다. 늘 강조하지만 도서관에만 틀어박혀 있다고 해서 취업이 되는 게 아니다. 발품을 팔며 전형적인 취업의 틀에서 벗어날 줄 알아야 한다. 기업에서 필요로 하는 인력을 뽑아서 먼저 교육을 실시한 후에 채용하는 '주문식 맞춤 교육 프로그램'을 샅샅이 뒤지면 나의 적성에 맞는 취업을 할 수 있다.

스스로 자신의 가치를 높여라

셀프 마케팅을 하라! 자신의 가치를 높일 수 있는 전략적인 행보를 취하라는 말이다. 겸손은 더 이상 미덕이 될 수 없다. 오히려 표현력이 약하거나 내세울게 없는 사람으로 보일 뿐이다. 나 자체가 훌륭한 상품이자 인재임을 포장할 수 있어야 선택받을 수 있다.

"5%가 95%를 먹여 살린다."라는 말은 결코 과언이 아니다. 마치 8대 2의 법칙처럼 소수의 정예가 기업의 미래와 사활을 쥐고 있다. 정예 인재를 뽑고자 하는 기업은 오로지 '예스'만을 외치는 순종적인 사람을 원하지 않는다. '맨 땅에 헤딩하는' 식의 열정과 전문성 그리고 최근 기업환경의 최대 화두가 되고 있는 '글로벌한 마인드'를 갖춘 인재를 원한다. 더 이상 외형적인 스펙이나 화려한 경력이 채용의 절대 기준이 될 수는 없다. 그보다 우선해서 기업은 '과연 저 사람이 우리 회사와 코드가 맞는지'를 따진다. 아무리 뛰어난 능력을 가진 인재라 하더라도 그 회사와 궁합이나 코드가 맞지 않으면 떠날 수밖에 없다. 회사는 어렵게 교육시켜 놓은 유능한 인재를 잃기를 원치 않는다. 그래서 애초에 궁합부터 따지게 되는 것이다.

우리는 기업의 이러한 심리를 놓치지 말아야 한다. 그래서 지원동기를 아주 구체적이고 소신 있게 준비할 필요가 있다. 내가 이 회사와 얼마나 코드가 잘 맞으며, 이 회사에 진정 필요한 사람인지를 적극적으로 어필해야 한다.

인재는 제너럴리스트가 아니라 스페셜리스트다. 박학다식하기보다 어떤 한 부분에서라도 확실하게 회사에 도움이 되는 존재여야 한다. 기업에 나의 이러한 장점을 분명하게 제시하고 셀프 마케팅을 통해 자신만의 브랜드를 만들어라.

'용의 꼬리'가 아니라 '뱀의 머리'가 되겠다는 열린 사고를 할 필요도 있다. 무조건 대기업 입사에만 매달리기보다 실제 자신의 능력을 파악해서 그에 맞는 기업을 찾는 것이다. 삼성, SK 등 대기업 입사만을 희망하며 고시공부 하듯 시간을 낭비하지 말고 내실 있는 중소기업을 공략하는 것이 더 나을 수 있다. 벤처 거품이 걷힌 후 살아남은 벤처기업들은 대략 10년 안팎의 역사를 가진 기업들이다. 이런 기업은 기존의 관료적인 대기업과는 정서나 환경이 많이 다르다. 그리고 다양한 개성을 가진 인재를 선호한다. 미래 산업의 주춧돌 역할을 할 벤처기업의 핵심인재가 되는 것은 미래에 대한 투자라고 할 수 있다.

연봉 협상이 가능한 인재가 되어라

모 대학에서 강의를 할 때였다. 학생들에게 입사지원서류를 리포트로 제출하라고 했다. 보통 이력서 상단에는 지원부서와 희망 연봉을 기재하라고 되어 있다. 그런데 정말 입이 떡 벌어지는 일이 있었다. 희망 연봉을 적으라고 했더니 '협상 가능'이라고 적은 것이다. 무슨 FTA 협상도 아닌데, 기업이 뭘 보고 취업지원자와 연봉 협상을 하겠는가. 도대체 그 학생은 어떤 생각으로 기업이 자신과 연봉을 '협상' 할 것이라고 생각했을까?

희망 연봉은 기업이 취업지원자에게 "당신이 우리 회사에 얼마만큼의 돈을 벌어다 줄 수 있습니까?"라고 질문하는 것과 같다. 기업이 당신을 채용하는 이유는 뭘까? 사람이 좋아 보여서도 아니요, 무조건 믿음이 가서도 아니다. 일을 열심히 해서 기업에 이윤을 가져다 줄 사람으로 판단되어 뽑는 것이다. 한마디로 돈 잘 벌어다 줄 것 같기 때문이다.

직장인들이 가장 근무하고 싶어 하는 지역 1위는 강남역에서 삼성역까지 이어지는 테헤란로다. 강남에 오면 자동차보험은 1억 원까지 보상이 가능한 것으로 재빨리 바꿔 줘야 한다. 조금만 핸들을 잘못 꺾었다간 좌우로 아우디와 BMW를 긁고, 급정거했다간 렉서스를 박을 수 있다. 한 달 주차비만 30만 원이니 기름값과 주차비를 충당하며 일반 사원들이 차를 가지고 다니는 것은 정말 어렵다. 아무리 돈이 많아도 회사 건물 주차장은 임원진이 아닌 이상 주차할 수도 없다. 땅값이 정말 비싸기 때문이다. 이렇듯 주차비, 전셋집 한 칸만큼의 건물 임대료, 볼펜 하나, 1분에 100장 나오는 최첨단 복사기, 빵빵한 에어컨까지, 회사는 사람 한 명을 고용하면서 많은 돈을 쓰게 된다. 어디 그뿐인가. 연봉 외에 수당을 생각하면 인건비로 나가는 비용은 더욱 커진다.

S전자의 3년차 연구원의 연봉은 2,700만 원이다. 석사까지 졸업한 이공계의 이 사원은 실제 보너스와 수당까지 다 합하면 세금을 제외하

기 전 연봉이 4,300만 원까지 올라간다. 연봉 외에 성과급까지 있다.

　기업의 입장에서는 "3,000만 원의 연봉을 받는 직장인이라면 최소한 1년에 3억 원은 벌어다 줘야 한다."라고 생각한다. 평범한 어학연수와 평범한 동아리 활동으로 당신이 3억 원을 벌어다 줄 수 있다는 것을 증명하긴 정말 어렵다. 사실 그 정도로 증명이 될 학생이면 이미 자기 이름으로 사업자등록증을 내고 사업을 벌여도 한참 벌었다.

　연봉이 실제로 협상 가능하려면 자신의 능력을 보여 줘야 한다. 여기서 능력이란 토익 만점이나 과 수석 수준의 학점을 말하지 않는다. 어차피 기업은 그다지 쓸모없는 그런 형식적인 스펙을 원하는 것이 아니다. 취업스펙이 딸려 자신의 능력을 제대로 보여 줄 기회조차 얻지 못했다고 한탄할 필요는 없다. 실전에 강한 사람임을 증명해 내면 된다.

03 얼리어답터가 되어라

　　유비가 삼고초려를 할 정도로 인기가 하늘을 찔렀던 제갈공명의 당시 직업은 무엇이었을까? 그렇다. 그는 백수였다. 그러나 당당한 백수였다. 골방에 틀어박혀 폐인 모드로 있었던 게 아니라 은둔의 여유로움을 한껏 즐기고 있었다. 심지어 자신을 채용하겠다고 먼 길을 달려온 최고경영자인 유비를 피하기까지 했다. 복장 터져 하는 장비를 달래 가면서까지 유비는 왜 그렇게 제갈공명에게 공을 들였을까. 제갈공명의 매력은 초야에 있으면서도 세상을 읽고 있었다는 데 있다. 그는 늘 책을 읽으며 세상을 꿰뚫고 있었던 것이다.

　　정보가 있는 사람은 어디서나 돋보이기 마련이다. 수많은 경쟁자들 속에서 빛나는 보석이 되기를 원한다면 정치 · 사회 · 경제분야의 동향을 파악하는 것은 기본이요, 나아가 국내외 문화 트렌드, 소비 트렌드, 서비스 트렌드를 예의주시하라.

마케팅에는 '선점의 법칙'이라는 게 있다. 어느 분야든 먼저 선점을 해야만 시장에서 지배적인 위치가 될 수 있다는 말이다. 취업 현장에서도 마찬가지다. 새로운 정보나 흐름을 먼저 선점하는 자가 유리한 위치에 설 수 있다. 그러기 위해서 구직자는 얼리어답터가 되어야 한다. 남들보다 빨리 새로운 것을 찾아내고, 고급정보를 구하고, 다양한 구직활동과 인턴 경험을 통해 조금이라도 숙련된 인재임을 증명할 수 있어야 한다.

다들 알다시피 얼리어답터라는 용어는 디지털 시대에 새롭게 생겨난 말이다. 워낙 새로운 디지털 기기들이 나날이 쏟아져 나오다 보니 이를 먼저 접하고 경험해 본 사람들을 일컫는 말이 생겨난 것이다. 이런 사람들은 단지 호기심만으로 새로운 제품들을 구경하는 게 아니다. 그들은 새로 나온 노트북이나 휴대폰 또는 가정용 로봇까지 직접 체험하고, 전문가 못지않은 식견으로 그것들의 장점과 단점을 낱낱이 해부한다. 이들의 파워는 대단해서 기업들이 신제품을 출시하기 전에 얼리어답터 관련 모임에 미리 제품을 보여 주고 '품평회'를 여는 경우도 많다. 그만큼 새로운 물건에 대해 분석하는 그들의 능력을 전문가 수준으로 인정한다는 것이다.

취업에서도 얼리어답터의 자세가 필요하다. 단순히 새로운 정보만을 구할 게 아니라 수많은 정보를 분석하고 해석할 줄 알아야 한다. 나에게 필요한 정보가 무엇인지, 당장의 트렌드뿐 아니라 미래에 예측되는 트렌드까지도 읽을 수 있어야 한다. 분야도 나의 관심분야, 취업과 직접적인 관련이 있는 분야에 국한할 것이 아니라 정치, 경제, 문화 등 다양한 분야로 확장시켜야 한다. 한 가지 기술, 한 가지 분야만을 파는 것은 전문성을 갖춘다는 점에서 높이 살 만하다. 그러나 새로운 것을 접목시키고 퓨전할 수 있는 창의성 또한 중요하다. 건축을 전공한 사람이 예술을 이해한다면 건축물의 미적 가치는 더욱 올라간다. 금융권의 사람이 숫자에 대한 것뿐 아니라 커뮤니케이션까지 이해한다면 고객관리에 성공할 것이다.

책을 통해 깊이 있는 사색을 하라

구직 상태일 때 오히려 매일 책을 봐야 한다. 당장 취업이 급하니 책읽기는 취직하고 난 뒤에나 하겠다는 것은 자신의 필살기를 갖출 수 있는 도구 하나를 버리겠다는 말이다. 책은 정보력, 간접적인 경험과 더불어 생각의 깊이를 더해 준다. 내공을 쌓아야 무림고수가 되듯, 책 한 권을 읽는 것은 무림비법 하나를 얻는 것과 같다. '독서 기가지(讀書 起家之)'라고 했다. 독서야말로 집안을 일으키는 가장 근본이라는 말이다. 외적인 성장과 기술적인 측면의 보완도 중요하지만 내면의 깊이를 더하는 것은 인생 전반에 걸친 경쟁력의 원천이 된다.

보통 시험을 앞두고 집중학습, 노골적으로 말해 벼락치기, 초치기 공부를 할 때가 있다. 며칠 동안 날밤을 새며 열심히 시험공부를 하지만 막상 시험만 끝나면 어떻게 된 게 공부했던 내용들이 일순간 가물가물해진다. 인간 기억력의 한계니, 원래 머리가 좀 좋지 않다느니

하는 말은 변명밖에 되지 않는다. 집중학습의 한계는 분명하다. 효과가 그 목적에만 국한된다는 점이다. 눈앞의 목적을 달성하면 용도 폐기되는 한시적인 지식이 바로 집중학습이다. 그런 의미에서 본다면 취업을 얼마 남겨 두지 않은 상황에서 작심하고 하는 상식 공부는 위험하다 못해 무모하기까지 하다.

이와는 달리 어렸을 적에 읽었던 동화책의 줄거리를 이야기하라면 술술 나온다. 단지 이야기가 쉬워서 그런 게 아니다. 늘 책을 읽고 지냈던 '습관'의 결과이자 '상시학습'의 효과인 셈이다. 상시학습을 그나마 가장 쉽게 할 수 있는 방법이 바로 독서다. 책은 언제 어디서나 내용과 종류를 가리지 않고 접할 수 있기 때문이다.

최근 기업들은 면접에서 단답형 질문보다 다소 고난이도의 기술을 요하는 질문을 많이 실시하고 있다. 지원자의 문제해결 능력을 알아보고자 하는 것인데, 마치 수수께끼를 푸는 것처럼 예상치 못한 질문들이 많이 나온다. 예를 들어 "한라산을 서울로 옮긴다면 시간과 비용이 얼마나 들겠는가?", "우리나라에 있는 호텔의 화장실은 모두 몇 개?"와 같이 황당하고 도무지 단시간 내에 답을 얻을 수 없는 문제들이 대부분이다. 이러한 다소 황당한 질문에도 침착하게 자신의 주장을 펼칠 수 있는 위기대처 능력, 더불어 남과 다른 기발한 생각을 펼칠 수 있는 창의력을 갖춘 인재가 되어야 한다. 회사는 불가능해 보이는 임무에도 열정을 보여 줄 만큼 호기심이 넘치고 관찰력과 순발력이 뛰어난 사람을 원하기 때문이다.

관찰력과 순발력 그리고 창의력의 해법이 바로 '책'이다. 일반적으로 독서량이 풍부한 사람은 주어진 내용에 대한 이해가 빠른 것은 물론이고 자신의 생각을 잘 표현하는 능력도 가지고 있다.

그렇다면 무슨 책을 읽어야 할까. 우선 취업 관련 정보와 비법이 담긴 서적은 한두 권 챙기는 것이 좋다. 무엇보다 눈여겨봐야 할 전문가들의 조언이 있기 때문이다. 볼 만한 책으로『자기소개서 잘 쓰는 법』(2008년 출간/ 21세기북스) 등이 있다.

인문분야의 도서도 읽어 두어야 한다. 요즘 대학생들의 독서 수준이 낮다는 기사가 심심찮게 나온다. 극심한 취업 경쟁 속에서 한가롭게 그런 책을 읽을 여유가 없다고들 하지만 당장의 면접에서도 풍부한 인문 지식은 면접관들의 관심을 끌기 마련이다.『인문학 스터디』(2009년 출간/ 라티오)나『생각의 탄생』(2007년 출간/ 에코의서재) 등 기초적이면서 인문의 흐름을 읽을 수 있고 사색의 폭을 넓힐 수 있는 책을 읽는 게 좋다.

다음은 자기계발서가 있다. 이중 커뮤니케이션에 대해 집중적으로 읽어야겠다면,『설득의 심리학1, 2』(2002년, 2008년 출간/ 21세기북스)을 추천하고 싶다. 그리고『지식e』시리즈(2007~2009년 출간/ 북하우스)도 다양한 주제를 접할 수 있는 책이다.

경제경영 분야로는 대가들의 책을 읽어 보면 좋다. 최근 경영이나 비즈니스의 트렌드는 단지 일시적인 유행이 아니다. 경제경영의 대가들이 예측한 내용이나 혹은 현재의 성과를 다룬 책들이 있다. 경영학의 영원한 스승인 피터 드러커나 유명한 CEO의 저서도 추천할 만하다.

끝으로 자신이 롤모델로 삼고 있는 사람의 저서나 자서전, 평전 등이 있다. 직업 선택 이전에 앞으로의 인생에 도움이 될 롤모델을 이해하는 것은 자기완성의 입문과정이라 할 수 있다. 그리고 어느 기업이든 스스로 진화하는 자기완성형 인재를 못 본 척하지는 않는다.

이 밖에도 여러 대학이나 기관에서 추천하는 책들이 있다. 그중에서 선별하여 자신만의 독서 리스트를 만들어라. 얄팍한 지식을 갖춘 사람은 인재로 주목받지 못한다. 그리고 '다독(多讀), 다작(多作), 다상량(多商量)' 이야말로 독서의 공식임을 잊지 말아야 한다. 물론 한 가지 전문분야를 깊이 파는 것도 좋겠지만 가급적 다양한 분야를 읽도록 노력하자.

"세상에 악서(惡書)는 없다."라는 말이 있다. 좋은 책과 나쁜 책의 구분에 앞서 독서하는 습관이 무엇보다 중요하다는 말이다. 일단 상식이 강해지기 위해선 소설이나 수필처럼 줄거리 위주의 책보다는 비소설 분야의 책을 보는 게 낫다. 이런 책들은 일반 상식이나 '스펀지', '책속의 책' 등과 같이 남들이 모르는 상식 그리고 현상들을 다루기 때문에 재미뿐만 다양한 지식을 쌓을 수 있다.

무엇보다 우선시되어야 할 것은 시를 읽든 소설을 읽든 수필을 읽든, 단지 읽는 데 그칠 것이 아니라 깊이 생각하는 습관을 길러야 한다는 것이다. 사색 없는 책읽기란 있을 수 없기 때문이다. 줄거리보다는 표현방식과 주제를 다듬는 기술 등을 염두에 두고 읽어야 한다. 책읽기를 통해 무엇을 얻는가에 따라 책은 그저 글 써진 종이가 될 수도, 보물이 될 수도, 스승이 될 수도 있다.

다양한 매체로 정보와 만나라

'정보의 홍수'로 불릴 만큼 매일 다양한 정보들이 쏟아져 나온다. 그래서 우리는 책을 통해 좀 더 깊이 있는 정보를, 신문·잡지·인터넷·TV 등의 대중매체를 통해서는 발 빠른 정보를 얻고 있다. 그렇다면 이러한 다양한 매체를 더 효율적으로 이용하는 방법은 없을까.

먼저 좀 더 저렴하고 신속한 매체를 원한다면 단연코 인터넷과 신문이다. 특히 인터넷은 국제화 시대를 대비하여 배경지식을 쌓기도 좋다. 외국어 실력이 아무리 월등해도 그 나라의 문화와 역사 등의 배경지식을 이해하지 못한다면 그들과의 이질감을 극복할 수 없다.

졸업 이후 대학원 진학을 계획한다면 해당 분야의 전문 학술지를 미리 읽어 보는 것도 큰 도움이 된다. 그리고 사회로 진출하려는 경우에는 자기가 관심을 지닌 분야의 업계지, 또는 해당 업체의 사보 등을 보는 것이 좋다. 그 분야에 대한 막연한 환상에서 벗어나 구체적 실상을 살필 수 있다.

신문이나 전문 잡지는 취직시험이나 고시 등에 대한 아주 좋은 대책이기도 하다. 취직시험을 대비해 시사 상식 문제집을 읽는 학생들을 흔히 보는데, 문제집에 수록된 '시사 상식'은 사실상 '구사 상식(舊事 常識)'인 경우가 많다. 문제집만으로는 결코 충분한 대책이 될 수 없으니 평소에 신문이나 잡지를 통해 깊이 있고 신속한 정보를 얻도록 하자. 고시의 경우에도 매체를 통한 정보 습득은 매우 중요하다. 고시는 기본적으로 법학자나 정치학자를 요구하는 것이 아니라 실무자를 필요로 하기 때문이다. 따라서 문제도 시사적 감각을 소유했는지 여부를 테스트하는 경우가 많다.

다양한 매체를 통해 뉴스를 접해야 하는 또 다른 이유는 취업이나 진로의 어려움을 겪을 때 의외의 도움을 받을 수도 있기 때문이다. 베스트셀러 소설가로 명성을 날리는 존 그리샴의 사례를 보더라도 알 수 있다. 그는 어려서부터 독서를 좋아해서 작가의 꿈을 키워 갔다. 그러나 그의 처녀작은 출판사 수십 군데에서 퇴짜를 맞았다. 겨우 자비 출판을 했으나 그것도 몇 백 부나 팔렸을까? 대부분 그를 아는 주위 사람들이 샀을 뿐이다. 그러던 어느 날, 그는 우연히 잡지에서 '서스펜스 소설을 쓰는 법'이라는 기사를 읽게 되었다. "영화를 보듯이 장면 장면이 신속하게 바뀌면서, 대사가 많고 지루한 사설은 최소한으로 절제해야 한다."라는 대목을 보고 그는 "그래 이거야! 이 말이 정답이네!"라며 무릎을 쳤다. 그리고 난 뒤에 그가 쓴 책이 바로 『그래서 그들은 바다로 갔다』였다. 이후 그는 순풍에 돛 단 듯 승승장구 베스트셀러 작가의 길을 가고 있다. 사실 신문이나 잡지에서 우연히 본 기사 하나가 한 개인의 인생 항로에 중대한 영향을 미치는 경우는 보기 드문 일이 아니다. 십여 년 전에 컴퓨터에 관한 기사를 보고 남보다 일찍 컴퓨터 산업에 투신해서 성공했다는 기업인이 있다. 또 하늘을 나는 기구에 관한 기사를 보고서 열기구를 이용해 동독을 탈출하는 데 성공한 일가족도 있다.

뉴스를 전하는 매체는 많다. 그러나 나는 가급적 인쇄매체, 그것도 정기적인 간행물을 권하고 싶다. 학생 신분에서 신문을 보는 비용이 부담이라면 공짜로 보는 방법도 있다. 번거롭기는 해도 학교 도서관에 가면 대한민국의 일간지는 다 모아 놨다.

신문마다 기사의 사안이 다르고 사설도 다르다. 다른 점을 인정하면서 어떤 관점과 각도를 지녔는지 비교하는 것도 재미있는 관전 포인트다. 그리고 자신만의 해석을 곁들일 수 있다면 금상첨화다. 이때 비교되는 사설이나 뉴스는 반드시 스크랩을 하는 것이 좋다. 분야별로, 이슈별로 스크랩한 기사는 어떤 시사 상식 참고서보다 값진 보물이 된다. 어느 대학에는 '뉴스 읽기' 동아리도 있다는 기사를 본 적이 있다. 각기 다른 매체를 선택해서 자신이 읽은 기사를 동료에게 설명하는 것인데, 이때 설명을 위해 정독하는 뉴스는 오랜 시간 머릿속에 기억된다. 그리고 발표를 하는 것이니 당연히 프레젠테이션 능력이 향상되는 부가적인 효과도 얻을 수 있다.

하루의 시작이 신문과 잡지였다면 마무리는 단연 TV 마감뉴스다. 여기에는 하루를 정리하는 의미도 담겨 있지만, 시시각각 변화하는 뉴스를 시간대에 맞춰 빠르게 인지할 수 있는 장점이 있다. 그리고 최근 TV 뉴스는 뉴스를 풀이하고 해석한다. 시청자의 역할을 대신하는 것은 마뜩찮지만 시간에 쫓기는 구직자에게는 고마운 일이 아닐 수 없다.

이때 나의 전공이나 관심분야에만 국한해 기사를 읽거나 뉴스 클리핑을 하기보다 가급적 다양한 분야로 확대하는 것도 기본이다. 흔히 학생들은 경제에 무관심한 경우가 많다. 경제와 관련된 학과의 학생조차 경제현상을 잘 알고 있는 사람은 적다. 경제학 이론과 지식이 있더라도 현실 경제를 모른다면 살아 있는 경제학이 아니다. 살아 있는 경제학을 배우기 위해서는 경제 기사를 읽는 습관이 매우 중요하다. 경제 기사는 내가 모르는 내용에 대한 친절한 해석과 길라잡이 역할도 해준다. 이런 습관은 시사 상식을 쌓는 데뿐 아니라 면접에도 도움이 될 것이다.

04 일하고 싶은 현장에 뛰어들어라

계속되는 경기불황에 기업은 가장 현실적인 방법으로 인재를 구하고 있다. 이것저것 따지지 않을 테니 입사 즉시 '성과'를 올려 달라는 것이다.

출신학교, 학점, 토익, 자격증 등 스펙을 따져 입사시킨 그야말로 똑똑한 인재도 제대로 된 업무적 성과를 내기까지 약 19개월이라는 기간과 1인당 대략 6,000만 원이라는 막대한 비용이 들어간다. 그리고 기껏 시간과 돈을 투자해 교육시켜 놓으면 이런저런 이유로 이직을 하는 경우가 허다하다. 그 결과 공기업은 아예 입사원서에 출신대학 등 학력 기재란을 삭제했으며, 외국계기업의 경우도 명문대학이라는 간판보다는 그 기업이 요구하는 경험이나 자격을 구비한 사람을 우선적으로 채용한다. 경제상황이 어려워지면서 기업 입장에서는 교육비용을 투자해야 하는 '이론형 인재' 보다는 현업에 바로 투입할 수 있는 '실무형 인재'가 더 필요한 것이다.

그동안 스펙 쌓기 중심으로 취업 전략을 세워 왔던 사람들은 이러한 기업의 채용 트렌드 변화에 발맞추어 전략을 변화시킬 필요가 있다. 현업에 바로 투입될 수 있는 실무형 인재가 되는 것이다. 그러기 위해서는 취업을 희망하는 직종의 업무와 관련된 임시직이나 인턴십, 공모전 등을 통해 실무능력과 경험을 갖출 필요가 있다.

H홈쇼핑 신입사원 공채에 지원한 G씨가 제출한 이력서는 스펙 열풍이 불고 있는 요즘 기준으로 보면 그야말로 '자격 미달' 수준이었다. 대학도 중위권이라 불리는 고만고만한 대학에다 학점도 썩 좋은 편이 아니고, 토익 성적은 아예 기재하기도 무안할 정도라 공란으로 비워 둔 상태였다. 하지만 그에게는 다른 지원자들과 차별화될 수 있는 확실한 필살기가 있었다. 바로 대학교 2학년 때부터 약 2년 정도 친구와 함께 인터넷에서 쇼핑몰을 운영했던 현장경험이다. 그는 친구와 함께 일본의 도매시장을 돌아다니며 저렴하면서도 독특한 물건을 구매했고, 직접 사진을 찍고 포토샵 작업까지 해서 쇼핑몰을 운영했다. G씨는 이러한 생생한 경험을 통하여 소비자의 구매 트렌드 파악은 물론이고, 소비자의 구매욕구를 자극하는 나름의 노하우도 섭렵한 상태였다. 덕분에 그는 서류전형과 면접에서 높은 점수를 받았고, 결국 막강한 스펙을 자랑하는 경쟁자들을 물리치고 당당히 H홈쇼핑의 구매담당으로 채용되었다. 기업은 G씨의 생생한 현장경험이 실무에서 즉각적인 효과를 낼 것이라 기대한 것이다.

정공법만이 답이 아니다, 돌아가는 것이 더 빠를 수 있다

취업 인사 포털사이트 인크루트의 '2008 채용결산조사'에 따르면 2008년 채용시장은 전년 대비 3.8%가량 줄어든 것으로 나타났다. 더 걱정스러운 것은 상장기업 478개 사를 대상으로 '2009년 대졸신입 채용계획'에 대해 조사를 실시한 결과, 2009년 채용에 나서는 기업은 38.3%(183개 사)에 그칠 것으로 나타났다는 사실이다. 2008년과 비교해 무려 41.8%나 하락한 수치다. 게다가 채용을 아예 하지 않을 것이라고 밝힌 곳도 36.2%(173개 사)에 이르러 2008년보다 6~7배나 높게 나타났다.

위기가 닥치면 기업은 소극적일 수밖에 없다. 투자를 망설이게 되고, 검증되지 않은 인력을 보강하기를 꺼린다. 대신 꼭 필요한 인원만 충원하는 식이 되는 것이다. 그 결과 신입보다는 경력을 원하고, 신입을 뽑더라도 '완전 초보'보다는 '무늬만 초보'인, 관련 경험이 있는 인재를 선호한다.

최고의 대학을 우수한 성적으로 졸업하고 미모까지 따라 주는 Y양은 아나운서가 꿈이었다. 그래서 그녀는 대학 졸업 후 아나운서만을 전문적으로 양성하는 학원에서 실습 위주의 전문적인 교육을 받았다. 하지만 그녀는 자신이 희망하던 방송국의 아나운서 시험에서 고배를 마실 수밖에 없었다. 실무경험이 없다는 것이 그 이유였다. 대학등록금도 모자라 학원비까지 부모님에게 부담시켜야 하는 백조 신세에서 탈출하기 위해 그녀는 '정공법이 통하지 않는다면 둘러간다!'라는 결심을 했다. 그리고 지방의 방송국에 지원서를 내 당당히 합격했다. 지방 방송국의 특성상 인재가 귀한 탓에 그녀는 신입임에도 불구하고 뉴스를 비롯한 굵직한 방송들을 도맡아 하며 다양한 실무경험을 쌓았다. 그리고 2년 후 희망하던 방송국에 입사해 다시 서울로 입성하는 데 성공했다. 그녀는 언론사 취업을 희망하는 후배들에게 "언론은 그 어느 분야보다 경력과 경험을 중시하니, 꿈은 크게 가지되 작은 데서부터 시작하라."라고 조언한다.

높은 초임, 보장된 정년, 폼 나는 기업 브랜드. 적지 않은 사람들이 곧 죽어도 대기업만을 고집하는 이유다. 하지만 만만찮은 경쟁률 속에서 취업 재수생, 삼수생의 꼬리표를 단 채 뒤로 물러나야 하는 것이 현실이다. 내 앞에 놓인 길이 늘 탄탄대로면 얼마나 좋겠는가. 하지만 능력에 운까지 좋은 사람이 아니라면 그렇게 잘 닦여진 길만을 가기란 힘들다. "눈높이를 조금만 낮추어 유망한 중소기업에 취업해. 능력도 인정받고 승진도 비교적 쉽고 얼마나 좋으냐."라는 말도 그다지 달갑지 않다. 험난할지라도 '오로지 대기업'이라면 방법이 없는 것도 아니다. 바로 Y양처럼 둘러가는 작전을 쓰면 된다. 유망한 중소기업에 인턴으로 들어가 열심히 실무를 익히고 프로젝트 경력을 쌓아서 대기업의 신입으로 우회 침투하는 것이다.

대기업 인턴, 열정과 근성으로 인정받는다

실무경험을 갖춘 신입을 원하는 대기업이 늘어난 만큼 대기업의 인턴에 지원하여 직접 대기업을 체험해 보는 것도 좋다. 특히 4학년 졸업반이라면 여름방학을 이용해 반드시 인턴십에 참여하도록 하자. 일부 대기업의 경우 인턴십에 참여했던 학생들에게만 채용 시 응시자격을 주기도 한다. 따라서 졸업 후 자신이 희망하는 기업으로 취업하기 위해선 '인턴 기간'을 놓쳐서는 안 된다.

3개월의 인턴 과정을 거쳐 대기업에 정규직으로 채용된 J씨는 "인턴 기간 동안 현장의 모든 파트를 돌며 직접 고객을 응대했다. 열심히 현장의 업무를 익힌 덕분인지 정직원이 되어서 즉시 업무에 투입되었을 때 무리가 없었다."라고 말한다. 그는 "인턴 기간 중 열정과 성실성을 보여 주는 것은 필수이다. 그리고 시키는 일만 할 것이 아니라 자신의 일처럼 적극적으로 일을 찾아서 하는 것도 좋은 평가를 이끌어 낼 수 있는 방법이다."라고 강조했다.

그런데 '대기업'이라는 이름만큼이나 멋들어진 업무를 기대한다면 미리 기대치를 조정하고 가는 것이 좋다. 막상 인턴을 한다 해도 직접적인 실무를 체험해 보기가 쉽지 않기 때문이다. 오히려 대기업 인턴은 자신의 능력보다는 성실성과 근성을 보여 준다는 전략으로 임하면 성공한다.

A출판사에서 6주간 J양과 H군 2명의 인턴을 채용했다. 꿈에 부풀어 첫 출근을 하던 날 이들에게 맡겨진 업무는 원고의 오탈자를 찾는

일이었다. 하루 종일 깨알 같은 글자들만 바라보고 있자니 눈이 핑글 핑글 돌 지경이었다. 2주가 지났지만 이들의 업무는 나아질 기미가 보이지 않았다. H군은 마침내 "내가 초등학생이냐. 맞춤법이나 검사 하려고 출판사 인턴으로 들어왔겠냐?"라며 문을 박차고 나가 버렸다. 하지만 J양은 달랐다. 사무실에서 성실히 임하는 것은 물론이고 그 두꺼운 원고를 집에까지 가져가서 오탈자를 찾아오는 정성을 기울였다. 그녀의 꼼꼼함과 성실함에 다들 찬사를 아끼지 않았고 그녀는 인턴을 마치자마자 당당하게 A출판사에 입사하게 되었다. 출판사의 특성상 야근을 밥 먹듯 하는 분위기에서 만약 J양이 "나는 인턴인데 그렇게까지 충성할 필요가 있나"라는 야박한 심보였다면 어떻게 되었을까. 비록 짧은 기간의 인턴직일지라도 프로다운 책임감을 발휘하면 채용할 만한 인재로 인정받을 수 있다.

취업, 인턴부터 승부를 걸어라

대기업에서 인턴을 하는 것도 대기업에 취업을 하는 것만큼이나 쉽지 않은 일이다 보니 단단히 준비를 해야 한다. 대부분의 기업은 채용을 전제로 인턴을 뽑기 때문에 인턴직 채용 절차도 정규직 못지 않게 까다롭다.

대기업 공채와는 달리 인턴은 모집 기간도 따로 정해져 있지 않고 '조용히' 모집하는 경우가 대부분이다. '알아서 찾아와 주는' 열정을 가진 사람을 원하기 때문이다. 그래서 인턴 채용 정보를 제공하는 인터넷 사이트를 수시로 체크하거나, 자신이 희망하는 기업의 홈페이지를 정기적으로 살피는 것이 좋다. 보통은 재학생을 배려하여 주로 방학 동안을 인턴 기간으로 잡기 때문에 방학 이전에 모집을 끝내는 경우가 많다. 그리고 인턴 활동은 6주 정도 하는 것이 대부분인데 본인이 희망한다면 기간이 연장되는 경우도 있다.

　서류전형 시 학점과 토익 등 일정 수준 이상의 스펙은 기본이고, 인·적성검사, 프레젠테이션 및 집단토론 등 면접전형도 만만찮다. 그리고 업종의 특성에 따라 개인 블로그나 미니홈페이지 활동 등을 중요시하기도 한다. 일단 채용의 고비를 넘겼다면, 인턴 활동 기간은 더욱 중요하다. 약 6주 정도의 짧은 기간 동안 보고서나 프레젠테이션 발표 등을 통해 이뤄지는 다양한 평가에 대비해야 한다. 그리고 성실함과 열정, 원만한 대인관계, 책임감 등을 보여 줌으로써 내가 그 회사에 꼭 필요한 존재임을 부각시켜야 한다.

05 10년 후 목표를 정하라

　　취업은 왜 하는 것일까? 돈을 벌어야 먹고사니 어쩔 수 없다는 이유도 있을 테고, 자신이 이루고자 하는 목표를 달성하기 위한 과정이라고 말하는 사람도 있을 것이다. 당장 자기 몸뚱이 하나 챙기기도 힘든 사람이라면 전자의 이유를 근시안적인 사고라고 무시할 수만은 없다. 그러나 한 번의 취업이 인생에 미치는 영향은 매우 크다. 당장의 문제 해결도 중요하겠지만 먼 미래를 생각하지 않고 취업을 하면 후회와 방황으로 인생을 허비할 수도 있다.

　　리 아이아코카는 36세에 포드자동차의 부사장이 되었다. 젊은 나이에 이룬 대단한 성과에 가장 크게 놀란 사람은 바로 그 자신이었다. 왜냐하면 그는 대학시절에 이미 35살까지 포드자동차의 부사장이 되겠다는 목표를 세웠던 것이다. 그가 대학시절에 호기롭게 허풍이나 친 것이었다면 과연 목표를 이룰 수 있었을까. 목표를 이루기 위해 최선을 다했기에 부사장이 될 수 있었던 게 아닐까.

브라이언 트레이시는 "성공적인 인생을 산 모든 사람들은 가슴 속에 큰 꿈을 품은 사람들이었다. 목표를 설정하지 않는 사람들은 목표를 뚜렷하게 설정한 사람들을 위해 일하도록 운명이 결정된다."라고 했다. 성공한 사람들은 오늘 내일의 일에만 집착하는 것이 아니라 미래의 목표를 위해 시간을 안배하고 계획을 세운다. 그리고 목표를 향해 하나씩 징검다리를 건너간다. 반면 그렇지 못한 사람들은 징검다리의 역할밖에 하지 못한다.

인생은 긴 호흡이다. 지금까지 살아온 인생보다 더 긴 세월을 헤쳐 나가야 한다. 목표 없는 인생은 어디로 갈지 우왕좌왕하는 난파선과 같다. 취업을 결정할 때부터 10년 후를 생각하지 못하면 자신의 모든 역량을 쏟아 부을 수 없다. 미래를 위한 포석을 준비하는 사람과 그렇지 못한 사람의 차이가 바로 이것이다. 그리고 이 차이가 취업의 당락을 판가름하는 결정적인 차이가 될 수 있다.

적어라, 이루어질 것이다

"졸업 후에 무엇을 할 것인가?"라는 질문을 받으면 사람들은 어떻게 반응할까? 1979년 하버드 경영대학원의 신입생에게 인터뷰한 내용이다. 학생들의 반응은 대략 3가지로 나왔다. 첫 번째로 3%의 학생들이 구체적인 목표와 계획을 종이에 기록했다. 두 번째로 13%의

학생들은 목표는 있다고 했지만 따로 종이에 기록하지는 않았다. 마지막 세 번째인 84% 학생들은 학교를 졸업하는 것 외에는 별다른 생각이 없다는 반응이었다. 졸업한 지 10년이 지나 다시 그 학생들을 수소문하여 인터뷰를 했다. 그랬더니 두 번째에 속했던 13%의 학생들이 세 번째 그룹이었던 84%의 학생들보다 2배의 수입을 올리고 있었고, 3%에 속했던 학생들은 나머지 97%의 학생들보다 10배나 되는 수입을 올리고 있었다.

"나는 목표가 있어!"라고 하는 사람도 대부분 마음속으로만 생각할 뿐 그 목표를 글로 적는 경우는 드물다. 물론, 글로 적는다는 것이 무슨 부적처럼 영험한 효과를 내는 것은 아니다. 그러나 목표를 얼마나 뚜렷하게, 구체적으로, 각오에 찬 의지로 생각하느냐를 알 수 있다. 프랭클린 플래너나 몰스킨 다이어리는 디자인이 예뻐서 가지고 다니는 소품이 아니다. 자신의 일상을 가장 효율적으로 관리할 수 있는 도구라서 활용하는 것이다. 이 다이어리가 월요일에 미팅이 있고, 금요일에 학원 수강이 있다는 식의 단순한 시간표가 되어선 안 된다. 빼곡하게 들어찬 일정은 자신의 목표를 향한 족적이어야 한다.

꿈 많은 대학생들은 10년 뒤의 모습을 상상해 보라고 하면 세계일주나 번듯한 대기업에 다니는 모습, 혹은 성공한 부자의 상징으로 좋은 집에서 바비큐파티를 하는 모습을 상상한다. 꿈은 꾼 만큼 이루어진다는 말이 괜히 생긴 게 아니다. 늘 하던 일만 하면 얻을 수 있는 것도 제한되어 있다. 기왕 꿈을 품을 바에는 크게 품고, 대신 그 꿈을 이루기 위해 그만큼 노력해야 한다.

성공학의 대가인 나폴레온 힐은 각 분야에서 성공한 사람들이 가지고 있는 공통점으로 "확고한 목표와 목표에 대한 집요함"을 이야기했다. 타고난 능력이나 천재성도 목표가 없다면 아무런 소용이 없다. 그래서 어디로 갈 것인지, 또 무엇을 해야 하는지를 알아야 한다.

탐험가로 유명한 존 고다드는 15살 때, 자신이 이루고자 하는 목표 127가지를 미리 작성했다. 'Explore, Study primitive cultures, Climb, Photograph, Explore underwater, Visit, Swim in, Accomplish'로 나눈 그의 'Teenage list of life goal'은 실제로 하나씩 달성되었다. 32살에 이미 104개를 달성했던 그는 자신의 인생목표를 적은 쪽지를 계속 간직하며 그 꿈들을 실현해 나간 것이다.

작심삼일이란 말이 있듯이 아무리 큰 결심을 해도 오랫동안 지켜나가기란 쉽지 않다. 그래서 자신의 목표를 글로 적어서 매번 되새겨야 한다. 그래야만 잊지 않고 한 방향으로 갈 수 있다. 아무리 명궁(名弓)이라 해도 과녁이 없다면 무슨 소용인가. 분명한 목표가 있어야 한다. 그리고 이 목표를 이루기 위한 노력도 무조건 열심히가 아니라 단계별 목표와 실행 계획이 바탕이 된 노력이어야 한다.

목표를 이루기 위한 HOW

10년 뒤의 목표가 분명한 사람은 어떤 난관에 부딪히더라도 쉽게 좌절하지 않는다. 남들보다 강한 의지가 있기 때문이다. 그래서 지치지 않고 단기적인 목표를 이루며 성취감을 가진다. 그렇게 해서 오랫동안 목표를 잃지 않고 "마이 웨이"를 외칠 수 있는 것이다.

목표가 있는 사람은 문제해결에 있어서도 남다른 모습을 보여 준다. 당장의 문제를 해결하지 않고서는 목표를 달성할 수 없기 때문에 집요하게 해결하려 한다. 그리고 목표가 뚜렷하다 보니 정확한 정보만 선택하여 효과적인 방안을 강구한다. 목표가 있다는 것이 확신과 자신감을 가져다 주기 때문에 불필요한 정보나 유혹에 가볍게 흔들리지 않는다.

입사지원서를 보면 5년이나 10년 뒤의 목표를 묻는 경우가 있다. 지원자가 앞으로 어떤 일을 하고 싶어 하는지를 파악하겠다는 것도 있지만 목표의식을 가지고 사는 사람인지 아닌지 알아보겠다는 의도도 있다. 목표가 있느냐 없느냐에 따라 근무태도나 생활태도가 확실히 다르다는 것을 기업이 잘 알고 있기 때문이다.

10년 후의 모습을 그렸다면 그 목표를 이루기 위해 어떻게 할 것인가, 즉 'HOW'를 고민하자. 항공기 승무원이 되겠다는 한 초등학교 6학년 학생은 자신의 10년 뒤 목표를 위해 어떻게 하겠다는 구체적인 계획을 적었다. '하루에 영어단어 50개를 외운다.', '수영을 매일 2시간 한다.' 등 자신의 일상을 목표를 이루기 위한 과정으로 생각하고 하루하루 지켜 가고 있다. 10년 후를 생각하는 사람일수록 당장 오늘 할 일을 알고 있다. 자신만의 'HOW'를 만들어 준비하는 것도 목표가 있는 사람의 특징이다.

사람은 날 때부터 운명이 결정되는 게 아니다. 살아가면서 어떤 태

도와 자세로 사느냐에 따라 변화된 삶을 맞이할 수 있다. 10년 후의
목표를 위해 내 인생의 'HOW'를 정하는 몇 가지 원칙을 알아보자.

- 생각하기에 따라 행동과 결과는 달라진다. 늘 적극적이고 긍정적인 생각을 하라.
- 일을 할 때 무작정 시작하려고만 하지 마라. 어떻게 시작할지, 어떤 준비를 할지 먼저 고민하고 시작하라.
- 지금보다 더 좋은 방법이 있는지 생각하라. '최신'이란 단어는 하루만 지나도 '과거'의 의미로 전락한다.
- 내가 아니면 안 된다는 생각을 심어 줘라. 그러기 위해선 나만의 필살기를 가져야 한다. 10년 후의 목표가 남들이 다 할 수 있는 것이어선 안 된다.
- 다양한 네트워크를 구축하되 win-win의 관계로 만들어라. 도움을 주면 언젠가는 도움을 받게 된다.

10년 후의 목표를 달성하려면 그 목표에 다가서기 위한 일을 먼저
해야 한다. 일의 우선순위를 분명히 해야만 목표에 더 가까이 다가갈
수 있다. 무엇보다도 단지 하는 것에 그칠 것이 아니라 확실하게 성
공시켜야 한다. 가장 핵심적인 일을 하기 위해서는 주변의 일들을 못
해도 상관없다는 각오로 임해야 한다. 중요한 것은 목표로 가는 길이
다. 샛길로 빠졌다간 시간이 지체될 뿐 아니라 영영 다른 길로 들어
설 수도 있다.

인사담당자가 밝히는 합격하는 자기소개서, 합격하는 면접 스킬

PART 1

PART 2

PART 3

PART 4

PART 5

01 | 첫 단추부터 잘 꿰라-입사지원서 완벽 정리 비법

02 | 면접, 최후의 관문이자 첫걸음

03 | 면접관의 마음을 훔치는 면접 스킬을 익혀라

04 | 실패의 법칙을 비켜 가라

05 | 약점을 당당하게 인정하라

첫 단추부터 잘 꿰라
−입사지원서 완벽 정리 비법

        뉴욕 맨해튼의 월스트리트는 세계 금융의 중심지다. 이곳에 입주한 기업들은 대부분 전 세계 금융을 주무르는 굴지의 기업들이다. 이런 기업 중 한 곳에 입사하기 위해 미국에서도 소위 일류라고 불리는 학교에서 경영학을 전공한 학생이 입사지원서를 냈다. 그런데 이메일 접수와 우편 접수, 직접 방문까지 수십 번이나 문을 두드렸지만 아무런 반응이 없었다. 화가 난 이 지원자는 유리창을 닦는 사람에게 록펠러 센터의 고층에 위치한 대표이사의 유리창에 자신의 입사지원서를 붙여 달라고 부탁했다. 그것도 아주 크게 확대한 입사지원서를 말이다. 다음날 출근을 한 대표이사는 아름다운 뉴욕의 전경 대신 커다란 입사지원서를 보게 되었다. 그것을 뚫어져라 쳐다보던 대표이사는 화를 내기는커녕 "정말 대단한 친구군!" 하며 비서를 불러 입사지원서를 붙인 인물을 찾아오라고 지시했다. 고수는 고수를 알아본다는 말처럼 대표이사는 다음날 젊은이에게 별다른 질문도 없이 흔쾌히 채용의사를 밝혔다. 한 젊은이의 무모한 도전은 결국 해피엔딩으로 끝이 났다.

잭 웰치는 "무모한 도전이라고 인식하는 순간 그것은 가능한 도전이다."라고 했다. 자신이 바라는 것을 얻기 위해서는 무모하다 싶은 도전도 불사해야 한다. 취업도 마찬가지다. 취업을 위한 입사지원서에는 딱히 정해진 답이 없다. 누구나 써 내는 토익점수, 어학연수 경험 대신 동영상 이력서를 제작해 취업의 문을 두드리는 사람도 있다. 그들은 외국어 능력을 알리기 위해 외국인과의 인터뷰를 시도하고, 자신의 성실함을 증명하기 위해 쟁기로 논을 가는 퍼포먼스를 보여 주기도 한다.

그런데 취업을 위한 이러한 도전들이 무모하게 끝나지 않고 실현 가능한 도전이 되게 하기 위해서는 지켜야 할 법칙들도 반드시 존재한다. 그렇다면 지금부터 '입사지원서 완벽 정리 비법'을 살펴보자.

이력서는 자신을 광고하는 전단지다

입사지원서는 말 그대로 자기 홍보를 위한 광고 전단지와 같다. 자신이 알리고 싶은 정보를 체계적으로 정리한 문서라는 말이다.

입사지원서는 이력서와 자기소개서로 나누어 제출한다. 그중 이력서는 개인을 개괄적으로 이해하는 문서로 인식하면 된다. 그렇기 때문에 작성자의 주관적인 관점보다는 객관적인 관찰자의 입장에서 서술하는 것이 이해하기에 훨씬 좋다. 기업의 입장에서 봤을 때 지원자가 무엇을 할 줄 알고, 입사 후에 어떤 것을 잘하겠다는 판단이 서도록 작성한다. 또 자신이 지원하고자 하는 기업 관련 에피소드를 넣으면 금상첨화다.

● 입사지원서의 핵심

자기 광고 문서	형식 갖춘 문서	압축된 소개서	정성이 깃든 문서
지원자의 상품성이 표현될 수 있도록 강한 첫인상을 주어야 한다.	자신만의 색깔을 가진 형식으로 만드는 것이 좋다.	자신의 능력이 돋보이도록 간단명료하게 서술할 수 있어야 한다.	작성을 마친 후 오타나 어색한 문장이 없는지 다시 한번 확인한다.

입사지원서의 작성 포인트는 크게 3가지로 나눌 수 있다. 첫째, 자신의 지원분야를 확실하게 명기하라. 작은 차이 하나가 지원자의 의지나 열의, 일에 대한 자신감을 말없이 대변해 주고 있음을 명심해야 한다. 둘째, 지원분야와 연관된 활동을 효과적으로 기술하라. 자신의 경험을 사실적으로 서술해야 한다. 아르바이트 경력 등도 적어 넣으면 좋다. 셋째, 장래의 포부나 비전을 확실히 적어라. 신입사원이기에 품을 수 있는 미래의 꿈을 보여 줘야 한다. 경력사원과는 다른 활력을 지녔음을 보여 주는 것이다.

이력서의 작성 항목은 대개 5가지로 나눌 수 있다. 가장 기본적인 항목인데 의외로 항목의 뜻 자체도 제대로 이해하지 못하는 사람들도 있다. 간단하게 이력서 작성 항목에 대해 알아보자.

● **이력서 작성 내용**

1) **인적사항**: 주민등록등본과 초본에 기재되어 있는 내용과 동일하게 기재한다. 호주와의 관계는 호주 쪽에서 바라본 관계이다.

2) **학력사항**: 학력은 고등학교 때부터 적는 것이 일반적이다.

3) **경력사항**: 자신이 경험한 모든 경력사항을 기재하며, 남자의 경우는 군복무 사항을 함께 기재한다. 그리고 지원한 업무분야와 관련된 경력이 있다면 돋보이도록 기재한다.

4) **특기사항**: 수상 경력은 자기 PR을 하기에 유용하다. 수상 사실은 일시, 수상 내용, 수여 기관과 함께 기입한다. 배낭여행, 외국어 구사 능력 등의 사실도 함께 기재한다.

5) **자격사항**: 각종 자격증, 면허증 발급 사항 등을 기재한다. 자격증 취득 연월일, 자격 증명, 자격증 수준이나 등급, 자격시험 시행처 등을 차례로 기술한다.

기업에서는 입사서류를 통해 1차 판단을 한다. 따라서 결코 형식적인 서류제출이 되어선 안 된다. 인사담당자들은 구직자의 기본 역량이나 인성을 판단하는 안목과 기준으로 입사서류를 살펴보고 면접 대상자를 추려 낸다. 그들이 어떤 안목과 기준으로 서류를 판단하는지 미리 알고 거기에 맞춰 입사서류를 꾸며 보자.

● 인사담당자가 밝히는 채용 기준

인사담당자들이 평가하는 입사서류 항목	입사서류 문장의 평가 항목
1. 어떠한 성격의 소유자인가? 2. 전공은 무엇이며, 얼마만큼의 실력을 배양했는가? 3. 전공 이외의 관심 사항은 무엇인가? 4. 업무에 쉽게 적응하며, 이해력이 빠른가? 5. 비전을 가지고 있는가? 6. 조직에 융화될 수 있는 사람인가? 7. 사물을 긍정적으로 바라보는가? 8. 소신과 주관이 있는가?	1. 사고력이 있는가? 2. 창의력이 있는가? 3. 개성이 있는가? 4. 꾸밈이나 거짓은 없는가? 5. 표현력이 있는가? 6. 우리말에 대한 표현과 이해력이 빠른가?

이력서는 무조건 빈 항목을 채우기만 한다고 되는 게 아니다. 실제로 취업에 실패한 사람들에게 낙방의 이유를 물어보면 '내 실력이 부족해서'와 '회사가 나의 능력을 알아주지 못해서'란 이유 다음으로 '이력서와 자기소개서의 작성 실수로' 떨어졌다는 답이 많았다. 무엇보다도 이력서는 한눈에 들어와야 한다. 어떻게 하면 한눈에 들어오게 작성할 수 있는지 알아보자.

● 이력서 한눈에 들어오게 작성하는 요령

1) 알려진 이력서 형식을 이용, 분야별 특징을 반영하라.

2) 목적의식을 가지고 목표분야를 명확히 하라.

3) 직무분야와 관련된 경력을 상세히 기술하라.

4) 자신이 가진 기술 및 능력을 최대한 기재하라.

5) 최대한 압축하라.

이력서를 쓸 때 너무 안이하게 생각하는 경우가 많다. 보통은 대학 졸업장과 자격증 정도만 적는 것이 대부분이다. 그러나 수많은 지원 서류를 봐야 하는 채용담당자의 입장에서는 이력서에 적힌 그대로를 보고 판단한다. "이 정도 학벌에 이 정도 자격증이면 내 진면목을 알아주겠지." 하는 것은 구직자의 바람일 뿐이다. 괜히 1차 서류전형에서 고배를 마시기 싫으면 이력서부터 꼼꼼하게 챙기길 바란다.

자기소개서는 자서전이 아니다

이력서가 한 개인에 대해 개괄적으로 이해하는 자료라면 자기소개서는 개인을 한층 깊이 이해하는 문서다. 기업은 자기소개서를 통해 지원자의 대인관계, 적응력, 성격, 인생관, 성장배경과 장래성을 가늠한다. 자기소개서를 쓸 때는 제한된 지면에 자신의 장점을 최대한 많이 표현하고 결론을 앞머리에 분명하게 요약해서 보여 준다. 그리고 예를 들어 표현하면 읽기에 훨씬 수월하다. 자기소개서 역시 이력서와 같이 기본적으로 작성해야 할 항목이 있다.

● **자기소개서 작성 내용**
1) **성장과정**: 특별히 남달랐던 부분만을 핵심적으로 간단히!
2) **성격 소개**: 장단점을 기술하되, 단점을 극복하려는 노력을 부각!
3) **학창시절 및 경력사항**: 지원분야와 관련한 경력을 강하게 부각!

4) **지원 동기 및 입사 후 포부**: 지원한 기업만을 위한 지원 동기를 자기 비전과 결합하여 제시!

기본적인 작성요령을 바탕으로 자기소개서를 작성하는 요령에 대해서도 알아보자.

● **자기소개서 작성법**

1) 구태의연한 형식에서 탈피하라.
2) 기승전결에 따른 짜임새 있는 문장을 구성하라.
3) 자신의 강점, 장점, 관심분야, 경력 개발 계획을 강조하라.
4) 고사성어, 명언 등을 적절히 활용하라.
5) 헤드라인 및 하이라이트를 활용하라.

100인 이상 근무하는 사업장의 인사담당자에게 자기소개서에서 호감을 주는 문구에 대하여 설문조사한 결과를 보면 1위가 '긍정적이고 밝은' 문구라고 답했다. 회사에 입사하려는 사람이 세상의 무거운 짐을 혼자 짊어진 것처럼 너무 어두우면 거북하게 보일 수밖에 없다. 회사는 당연히 밝고 활기찬 직장문화를 선호한다. 그런데 어두운 분위기의 사람을 뽑고 싶겠는가. 그리고 '팀워크'와 '책임감과 협동심이 많은', '성실하고 근면한' 내용의 문구를 눈여겨본다고 답했다. 직장에서 혼자서 할 수 있는 일은 아무 것도 없다. 아무리 잘난 사람이라 하더라도 팀워크가 뒷받침되어야 성과가 나올 수 있다. '열정적이고', '전문적인' 사람으로 보일 수 있는 문구도 중요하다고 한다. 신입사원을 뽑는데 삶의 원숙미를 진하게 풍기는 사람보다 의욕과 패기가 넘치는 인재를 구하는 것은 지극히 당연하다. 게다가 제너럴리스트보다 프로페셔널이 더 각광받는 시대다.

채용담당자가 꼽는 자기소개서 유형 베스트 1위는 '참신한 자기표현형'이다. 대학생이라는 동일한 신분과 환경에서 좀 더 참신하게 자신을 표현하는 사람들이 점수를 많이 받는다. 2위는 '성실한 작성형'이다. 꼼꼼하게 자신의 장점을 부각시키는 사람들이다. 3위는 '성실한 성격형'이다. 학창시절이나 성격을 소개할 때 드러나는 유형이다. 4위는 '적절한 생활환경형'이다. 너무 모나지도, 부족하지도 않은 생활환경을 말한다. 5위는 '관련 경력자형'이다. 아무래도 지원 분야와 관련 있는 경력을 적으면 유리하다.

마인드맵을 활용해 자기소개서를 쓰는 것도 좋은 방법이다. '나'를 중심에 두고 학창시절, 지원 동기, 성장과정 등을 각각 생각나는 단어나 간단한 문장으로 맵핑하는 것이다. 이렇게 맵핑한 것을 펼쳐놓고 문장으로 이어 가면 좋은 자기소개서를 만들 수 있다. 문장은 장문보다 단문 위주로 간결하게 쓰고, 뚜렷한 테마를 보여 줘라. 그리고 눈에 확 들어오는 타이틀과 키워드를 통해 읽는 이에게 강렬한 인상을 줘야 한다.

버려지는 입사서류의 전형을 피해 가자

아무리 정답이 없는 것이 입사지원서라지만 분명히 오답은 존재한다. 모 대기업 인사담당자가 기업설명회에서 '쓰레기통에 버려지는 입사서류'에 대해 언급한 적이 있다. 그가 말한 '버려지는 입사서류'의 내용을 한번 보자.

- **사진**: 스티커사진 사용
- **호주와의 관계**: 한 번도 가본 적 없음
- **학력사항**: 모 유치원 입학부터
- **자격사항**: 열 번째 운전면허 도전 중
- **수상내역**: 전 학년 성적우수장학금 면제
- **취미**: 축구
- **특기**: 수비 전문
- **존경하는 인물**: 아버지(지금은 기대에 못 미침)
- **성장과정**: 엄부자모(아버지는 엄하고 엄마는 인자하심)
- **지원 동기**: 뽑아만 주시면 최선을 다합니다.

지원자가 자신의 유머감각을 어필하기 위해서 쓴 것인지는 몰라도 이 지원서를 읽는 기업의 담당자는 결코 유쾌한 웃음을 지을 리 없다. 담당자의 입가에는 쓴웃음만 머물 뿐이다. 그 인사담당자는 "실제로 300명을 뽑는 하반기 공채에 입사지원서만 1만 통이 접수된다.

그러나 이런저런 사유로 심사조차 되지 못하는 서류는 10%, 즉 1,000통에 달한다."라고 덧붙였다. 이런 실정임에도 불구하고 구직자들은 지원한 회사가 자신의 능력을 알아주지 않는다고 투덜대곤 한다. 반면 회사에서는 도대체 자신의 능력을 제대도 알려 주는 구직자가 없다고 한다. 서로의 생각이 달라도 한참 다른 것이다. 입사지원서. 한 줄을 적더라도 기업이 원하는 것이 무엇인지 신중하게 생각하고 적자.

02

면접, 최후의 관문이자 첫걸음

"본사에 지원해 주신 데 대해 깊이 감사드립니다. 귀하가 이번에 지원한 해외사업팀분야 서류전형에 통과하지 못한 것에 위로의 말을 전하며 향후 기회가 된다면 다시 한 번 도전해 주시면 감사하겠습니다."

누군들 이 문자가 기쁘랴. 그런데 이 문자를 받은 주인공은 치밀어 오르는 울화통을 잠시 누그러뜨리고 문방구로 향해 우편엽서를 한 장 산다.

"합격하면 꼭 열심히 다니고 싶은 회사였기에 실망감도 큽니다. 그러나 입사지원 과정에 진정한 친절과 고객응대가 어떤 것인지 일깨워 주신 귀사 인사담당자 ○○○ 씨를 칭찬하고 싶어 이 엽서를 보냅니다. 비록 떨어진 회사이지만 그분 때문에라도 회사에 대한 좋은 이미지는 계속 남을 듯합니다. 감사합니다."

격무에 시달리던 이 인사담당자에게는 청량제와 같은 엽서였다. "요즘 같은 세상에 참 대단한 친구"라는 생각을 자연스레 가지게 된 담당자는 산더미 같은 입사지원서 사이에서 이 친구의 서류를 찾아내 우편엽서를 붙인 뒤 책상서랍 속에 넣어 두었다.

얼마 후 갑자기 임원실의 비서가 그만둔다고 충원 지시가 내려왔다. 담당자는 곧바로 회사 채용정보 사이트에 채용공고를 등록했는데, 얼마 전에 왔던 엽서가 생각나 서랍 속에 보관 중이던 주인공에게 전화를 걸었다.

"○○○ 씨 안녕하세요. 한국물산 인사부 홍길동 대리입니다. 그때 엽서 받고 이제야 연락을 드리는군요. 감사했습니다. 그런데 혹시 취업하셨나요?"

"아, 예. 안녕하세요. 취업은 아직 안 됐습니다."

"잘됐군요. 다름이 아니라 임원실에 결원이 생겨 급히 충원을 해야 하는데 괜찮으시면 다시 한 번 지원해 보실래요? 지난 번에 낸 서류는 제가 보관 중이니 다시 제출하실 필요는 없고요. 면접만 참가하세요."

"그럼 서류전형은 합격한 건가요?"

"예. 참고로 면접 오실 때 가급적 뒷굽이 높은 구두나 하이힐은 착용하지 마세요. 그 임원분이 키가 좀 작은 편인데, 면접 때 유난히 외모를 평가하십니다."

"예. 감사합니다."

면접 당일 내로라하는 미모와 훤칠한 키의 지원자들 사이로 초라 할 만큼 꾸밈이 없는 ○○○ 씨가 눈에 들어오는 건 당연한 이치다. 한 장의 엽서가 아니었다면 과연 그 구직자는 자신만이 독점할 수 있는 귀중한 정보를 얻을 수 있었을까?

면접에서 기업은 무엇을 평가할까

면접이 말하기 시험이라고 해서 잘 떠들면 되는 것으로 생각하면 큰 오산이다. 면접관은 현란한 수식어나 유창한 말솜씨보다는 지적이고 진실이 담긴 말과 태도에 더 좋은 점수를 준다. 위의 사례는 면접을 보기 전에 있었던 행운과도 같은 일이다. 그러나 그 행운 속에는 구직자의 긍정적인 마인드가 자리 잡고 있다. 덕분에 그녀는 채용담당자의 마음을 얻었고, 다른 경쟁자가 알지 못하는 면접의 비법을 구해 면접에서 우위에 설 수 있었던 것이다.

면접은 취업을 향한 최종 관문이다. 최근엔 서류전형보다 면접의 비중이 점차 높아지고 있다. 한국 고용정보원에서 조사한 기업별 채용가중치를 보면 전체 응답기업 중 1.1%가 대학 추천, 필기 4.5%, 서류 5.6%, 면접이 79.8%로 채용 확정의 도구로 자리 잡았다. 그래서인지 형식적인 면접이 아니라 개별면접, 복합면접 등 다양한 면접 기법이 등장하고 있다. 면접은 면접관의 입장에서는 지원자에 대해 한눈에 확인할 수 있는 기회다. 이 말은 지원자에게 있어 면접이란 자신의 재능을 전면적으로 보여 줄 수 있는 기회라는 뜻이 된다. 그

157

렇다면 지금부터 행운보다 더 확실한 '면접의 통과 요령'을 살펴보기로 하자.

　면접구술시험은 말로 하는 논술시험이라고 생각해도 무방하다. 말 속에 논리가 있어야 한다. 응시자가 얼마나 알고 있는지, 인성과 가치관은 일을 하는 데 적절한지, 건전한 상식과 창의적인 태도를 지니고 있는지, 직무기술에 대해 기본 지식이 있고 업무를 수행할 자격이 있는지를 여러 관점에서 살핀다.

　또한 면접관은 주고받는 대화 속에서 '종합적인 인간평가'를 수행한다. 구직자에 대한 평가는 대략 6가지의 관점에서 이루어진다. 이렇게 이루어지는 면접은 기본 인성 평가와 실무적응 평가로 나누어

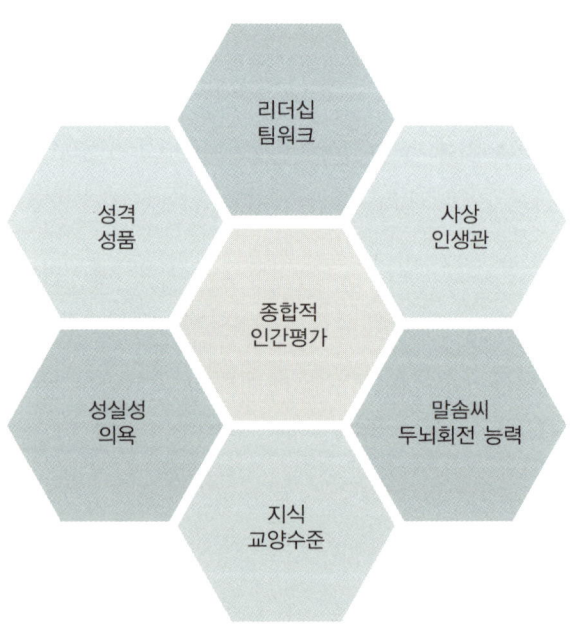

진다. 그리 길지 않은 시간 동안 한 사람의 모든 것을 알아낸다는 것인데, 현란한 언변만으로 자신을 포장하기는 녹록치 않을 것이다.

대개 면접은 먼저 부드러운 분위기를 만들고 가벼운 질문을 던진다. 이처럼 긴장을 어느 정도 푼 다음에는 포괄적이고 본질적인 질문을 던진다. 예를 들어 최근 경제상황에 대해 묻는 것이다. 이에 대한 대답을 하면 그중에서 구체적인 질문, 예컨대 환율에 대해 집중적으로 질문을 한다.

그런데 개중에는 면접이 까다롭게 진행되는 경우가 있다. 이때 응시생들은 문제가 까다로웠다고 괜히 불이익을 당하는 게 아닌가 생각하지만 의외로 합격할 가능성이 높다고 한다. 면접관들은 서류전형 단계에서 눈길이 간 응시생일수록 좀 더 까다롭게 질문을 한다는 것이다. 일종의 확인 작업인 셈이다.

최근 많은 기업에서는 문제를 미리 출제하고 그 문제은행 중에서 하나를 응시자들이 골라 답을 하는 방식도 도입하고 있다. 처음 문제는 생각할 시간을 주기도 하지만 이어지는 심층면접에서는 예상치도 못한 질문 공세가 이어지기도 한다. 이른바 위기관리 능력을 살피는 것이다. 기업 입장에서는 다양한 현장상황의 변수에 능동적으로 대응할 수 있는 인물이 필요하기 때문이다. 그래서 면접관이 주목하는 지원자의 태도는 명확하다. '분명한 요점'으로 말하되, '진지한 자세'를 갖추어야 한다. 그리고 목소리는 '또렷하게' 하고 '분명한 발음'과 '시선 접촉', 즉 면접관의 시선을 회피하지 않아야 한다.

면접관의 나이가 대충 40~50대라고 가정할 때 이들의 구미에 맞추면서도 젊은이다운 싱싱함과 패기를 나타내야 높은 점수를 받을 수 있다. 아이러니한 이 두 가지 요소를 충족하기란 말처럼 쉽지 않다. 하지만 차근차근 준비해 나간다면 그리 어렵지만도 않을 것이다.

다양한 면접 평가방법에 대비하라

H그룹의 예를 통해 공개채용 때 기업의 면접 평가기준을 살짝 들여다보자. H그룹의 경우, 1차 면접과 소그룹별 2차 면접을 진행했다. 1차 면접에서는 현장에서의 업무적성, 조직 적응력, 전공지식 등을 주로 평가했으며, 외국어 능력이 중시되는 회사에서는 외국어 인터뷰를 실시한 경우도 있었다. 1차 면접을 통과한 지원자는 그룹 회장단의 2차 면접을 치렀다. 합격자 선정은 1·2차 공히 각각 S(매우 우수), A(우수), B(보통), C(부족), D(매우 부족) 등급으로 나눠 종합적으로 판정했다. 그 결과를 토대로 종합서열, 평균점수가 최소 B등급 이상인 자 중 회사별, 부문별 채용예정 인원만큼 선발했다.

회장단 면접까지 통과해야만 취업이 될 정도로 면접의 중요성은 갈수록 커지고 방식 또한 다양해지고 있다. 이제부터 다양한 면접 방식에 대해 알아보자.

· **단독면접**: 응시자 한 사람을 불러 한 시험관이 개별적으로 질의 응답하는 보편적인 방법이다. 시간이 많이 걸리지만 한 개인을

조목조목 알아내기에 좋은 방법이다. 따라서 면접자는 모든 부분에 대해 철저히 준비하고 임해야 한다.

· **집단 일대다 면접**: 여러 명의 면접관들이 응시자 한 사람을 불러 놓고 질문하는 개별면접 형식이다. 평가의 객관성을 유지하고 한 사람의 다양한 면을 골고루 알아볼 수 있다는 장점이 있다. 제한된 시간에 여러 명이 질문하기 때문에 대답할 기회가 많지 않으므로 자신의 장점을 제대로 보여 줄 기회를 놓칠 수도 있다. 따라서 다른 지원자와 차별화할 수 있는 전략과 자신만의 개성 있는 답변을 미리 준비하는 것이 좋다.

· **집단 다대다 면접**: 면접관 여러 명이 응시자 여러 명을 한꺼번에 평가하는 방법이다. 기업의 입장에서는 여러 명을 동시에 비교 관찰할 수 있고, 평가에 있어서 객관성을 유지할 수 있다. 이 방법 또한 대답할 기회가 많지 않기 때문에 자신의 장점을 제대로 보여 줄 기회를 놓칠 수도 있다. 차별화 전략과 눈에 띄는 답변을 미리 준비해야 한다.

· **집단토론 면접**: 주어진 주제를 놓고 지원자들끼리 30~40분 정도 토론하도록 한 후, 그 과정을 평가하는 방법이다. 이때 다른 사람의 말을 경청하는 자세와 토론 과정에서 개인의 리더십, 판단력, 설득력, 협동성 등이 평가된다.

- **다차원 면접**: 응시자와 면접관이 회사 밖에서 레저, 스포츠, 술자리, 합숙행사 등을 함께하며 어울리는 과정에서 면접이 이루어진다. 여러 각도에서 인재를 확인하기 적합하다. 자연스럽게 어울리면서 자신의 장점을 최대한 보여 줄 수 있어야 한다.

- **발표 프레젠테이션**: 사전에 주제를 정해 주어 발표자료를 만들도록 하고, 지원자 개인이 실무부서의 여러 사람 앞에서 의견을 발표하도록 한다. 문제해결 능력, 전문성, 창의성, 기획력, 분석력 등을 종합 평가하기 위한 목적이다. 단, 발표능력은 하루아침에 좋아질 수 없다. 너무 멋있게 하려는 것보다 최선을 다하는 모습이 더 중요하다.

- **영어면접**: 영어로 면접을 하는 회사는 업무에 영어가 반드시 필요한 회사이다. 2~3명의 담당자가 응접실에서 진행하는 것이 일반적이다. 단순한 의사소통 능력을 알아보는 경우와 영어잡지를 주고 번역을 요구하는 경우 등 다양한 방식이 있다.

다양한 면접방식에 따른 각기 다른 대응방안이 요구되지만 공통적으로 적용되는 것이 있다. 바로 면접관을 사로잡는 응시자의 자세다. 조금 더 자세히 살펴보면, 첫째, 먼저 자기 자신을 겸허하게 판단하라. 너무 잘난 척하면 누구라도 거부감이 생길 수밖에 없다. 둘째, 지원한 회사에 대해 100% 이해하라. 무슨 일을 하는 회사인지도 모르고 무조건 "열심히 하겠습니다!"라고 한들 좋아하지 않는다. 셋째, 면접시간 동안 대화의 흐름을 유지하라. 대화의 맥이 끊어지는 순간 흐르는 어색함은 면접관의 잘못이 아니다. 넷째, 친밀감과 신뢰를 구축하라. 똑같은 답변이라도 그것을 딱딱하게 이야기하기보다는 대학 시절 교수와 이야기하듯 편안하게 한다면 마이너스 점수를 받을 일은 없다. 다섯 째, 상대방의 말을 성실하게 들어라. 예의 차원에서뿐 아니라 정확한 질문의 요지를 파악하기 위해서라도 성실하게 들어야 한다.

면접은 취업의 최종 관문이자 채용의 출발점이다. 단지 합격 여부만 결정되는 것이 아니라 향후 직무 배치나 미래의 목표를 위한 계획이 실천되는 첫 순간일 수 있다. 끝이 아니라 시작이라는 생각으로 면접을 준비하자.

03

면접관의 마음을 훔치는 면접 스킬을 익혀라

취업난이 갈수록 심해지는 상황에서 3차 면접까지 간 구직자들은 마지막 땀 한 방울까지 짜내며 최선을 다한다. 그 결과 짧은 시간 동안 참신하고 패기 넘치는 모습으로 면접관에게 강렬한 인상을 남겨 합격을 성취하는 사람도 있다. 반면 너무 오버하거나 긴장한 나머지 크고 작은 실수로 탈락하고 마는 사람도 생긴다.

그렇다면, 면접에서 좋은 점수를 받으려면 어떻게 해야 할까? 외모를 한껏 치장하고 온갖 지식으로 무장해서 면접장에 들어서면 만사 오케이일까? 정답은 단순하다. 면접관의 입장에서 지원자인 자신을 객관적으로 분석하고 판단할 수 있다면 성공이다. 하지만 이렇게 하기가 어디 쉬운가. 독심술이 있거나 미리 면접관을 만나서 "뭘 물어볼 건가요?"라고 알아볼 수도 없는 일이지 않은가.

그러나 방법이 아예 없는 것도 아니다. 내가 지원한 기업에 대한 정확한 정보 수집과 독특한 자기소개 방법 개발, 올바른 대화 방법 연구, 전공 및 시사 상식을 갖춘다면 얼마든지 면접에 임할 수 있다. 막연히 두려워하지 말고 하나씩 계획을 세워 준비하자. 좀 더 효과적으로 준비하려면 지원 기업의 면접 기출문제를 선배 등을 통해 미리 파악하여 유형을 알아내는 것이 좋다. 그리고 친구들과 함께 모의면접을 하면서 자신의 약점을 발견해서 보완하자.

면접장에 가서 어떻게든 말로 때우겠다는 생각은 일찌감치 버려라. 이런 사람들은 면접시간이 30분으로 보장되어 있어도 10분 내외로 끝난다. 비호감인 사람에게 시간을 할애해 주느니 호감이 가는 지원자와 더 오랫동안 면접을 보는 경우가 실제로 있다.

상대의 마음을 얻을 수 있는 설득 커뮤니케이션은 면접의 기본 스킬이다. 내가 하고 싶은 말만 할 것이 아니라 상대방과 코드를 맞출 줄 알아야 제대로 나의 의사를 전달할 수 있다. 면접도 마찬가지다. 지원한 회사에 대한 사전지식과 애정을 가지고 면접에 임한다면 면접관들은 그만큼 좋은 느낌으로 지원자를 바라볼 것이다.

여자친구의 어머니를 보고 "언니인 줄 알았어요!"라고 속보이는 아부를 하는 것은 젊게 보이고 싶은 나이 든 여자들의 속성을 적절히 활용한 기분 좋은 유머다. 이 소리를 듣고 활짝 웃는 어머니는 평소에 딸에게도 주지 않던 먹거리를 만들어 내온다. 면접 역시 이와 다르지 않다. 나에게 우호적인 분위기를 만들어서 유리하게 이끌어 가야 한다.

첫인상은 통과의 첫 관문이다

　사람에게 있어 첫인상은 매우 중요하다. 그래서 외모 지상주의가 판을 치는 것일 수도 있다. 취업을 할 때도 예외는 아니다. 보기 좋은 떡이 먹기에도 좋다는 말처럼 호감이 가는 외모일수록 면접 시 호의적인 분위기를 만드는 게 사실이다. 남녀 할 것 없이 '면접성형'이란 말이 나올 정도로 외모에 신경을 쓴다. 하지만 무조건 예쁘고 잘생겨야 한다는 생각은 오산이다. 눈이 즐거우면 마음도 따라서 즐거워지는 법이지만 분명 외모가 전부는 아니다. 오히려 밝고 생기 넘치는 모습으로 자신만의 개성을 연출할 수 있다면 더 좋은 첫인상을 남길 수 있다.

눈빛을 살려라

입꼬리를 올려
미소지어라

깔끔하고 단정한
옷차림을 하여라

부드러운 첫인상을
만들어라

면접 전에 지원한
기업에 다니는
직원을 꼭 만나라

긴장을 풀기 위해
호흡을 가다듬어라

걸음걸이와 앉은 자세는
곧고 당당하게

자신 있는 말투로
대답하라

당황스런 질문이면
잠시 생각하고 말하라

불필요한 제스처를
삼가라

남자든 여자든 기본적으로 외모 혹은 행동에서 좋은 점수를 받을 수 있는 방법이 있다. 성형보다 더 중요한 것이 면접장에서의 태도이다. 1S2C를 기본 콘셉트로 면접에 대비하자. 1S2C란 'Simple, Clean, Clear'를 말한다. 어설픈 염색과 부스스한 머리로 면접장에 온 사람에게서는 합격의 각오를 느낄 수 없다. 또 벤처 기업이 아니라면 너무 튀는 외양은 오히려 마이너스 점수를 받을 수 있다. 남자가 긴 머리를 휘날리거나 질끈 묶고 나타나면 면접관은 고개를 저을 것이다.

양복도 헐렁한 것보다는 몸에 딱 맞는 것으로 입는 게 좋다. 정돈되어 보이고 센스가 돋보여 좋은 이미지를 줄 수 있다. 그리고 남자라면 군대에서 겪어 봤겠지만 청결한 손톱과 단정한 머리는 기본이다. 검정 구두에 흰 양말은 난센스의 표본이니 절대로 하지 말자.

면접 전날 필승의 의지를 다진답시고 술을 마시는 어리석은 짓은 금물이다. 흐릿한 눈빛은 그 사람의 정신 상태를 보여 주는 것으로 여겨질 수 있다. 피부가 까칠하거나 유난히 얼굴색이 좋지 않다면 남자라도 약간의 파우더로 커버하는 것이 좋다.

여자의 경우는 너무 진한 화장은 피하자. 가급적 투명한 화장과 단정한 옷차림이 좋다. 면접관들이 가장 싫어하는 여성 지원자의 외모는 여러 컬러가 들어간 염색머리나 이른바 뽀글 파마, 그리고 요란한 액세서리와 옷이다. 계절에 맞는 화장에도 신경을 써야 한다. 단, 뭐든 적당한 것이 좋다.

면접, 이렇게 하면 통과할 수 있다

면접에 임하기 전 꼭 체크해야 할 사항들이 있다. 가장 기본적인 것인데도 불구하고 의외로 면접 당일 일단 부딪치고 보겠다는 식의 만용을 부리는 지원자가 많다. 미리 체크할 것은 꼼꼼하게 해서 면접에 만전을 기하자.

회사 탐구	요구사항 탐구	자기 탐구	사전 연습
지원한 회사에 대한 기본정보를 확인하여야 한다. 최소한 주요 생산품, 시장 상황, 경쟁 제품, 현황 등을 조사한다.	회사에서 내게 요구하는 보유기술/지식수준이나 직무 능력 수준 등을 미리 파악한다.	나에게 요구되는 직무 관련 경험을 정리하고, 내게 적합한 일인지, 부족한 부분은 무엇인지를 미리 생각해 둔다.	면접에서의 예상 질문을 생각해 보고, 그 대답을 미리 준비해 연습해 본다.

● 지원하는 기업과 직종에 대해 철저하게 연구하라

나의 전공이 지원하는 곳의 업무와 일치하면 더할 나위 없이 좋겠지만 그렇지 못할 경우라도 부전공이나 동아리 활동, 혹은 개인적인 흥미로 인해 지원분야에 관한 폭넓은 공부와 연구가 있었음을 알릴 수 있어야 한다. 또한 지원 회사의 소재지에서부터 사업 내용, 최고 경영자의 이름, 상품 내용은 기본적으로 알고 있어야 한다. 더불어 지원 부서의 구체적인 업무 등을 훤히 꿰뚫고 있다면 면접관을 감동시키기에 충분하다. 인터넷에 올라와 있는 내용만 제대로 소화해도 면접관의 질문에 대답을 못해 쩔쩔매는 일은 없을 것이다.

● 지원 기업의 면접 형태를 파악하여 경쟁자들보다 우위에 서라

대기업의 경우, 자체적으로 개발한 직무적성검사 등으로 차별화를 둘 수는 있을지라도 면접장에서의 질문 내용 자체는 크게 차이가 나지 않을 것이다. 2~3개 기업을 지원 대상으로 삼고 있는 지원자라면 각 기업의 면접 동향과 실제 질문 사례를 선배들을 통해 알아보는 방법이 있다.

● 제출 서류와 입을 맞춰라

면접관은 미리 제출된 입사서류를 보고 질문을 던진다. 서류에 적힌 내용과 지원자의 대답이 다를 경우 인격을 의심받을 수도 있다. 서류를 제출하기 전에 사본을 준비해서 면접 전에 철저히 확인하도록 한다.

● 전공 지식과 시사 상식을 정리하라

한정된 시간 안에 한 사람을 제대로 파악하려면 질문할 거리가 몇 가지나 될까? 입사서류 기재 내용, 전공 지식, 시사 상식 정도를 물어봄으로써 지원자 개인을 대충 파악할 수 있을 것이다. 전공 지식은 대강의 개요를 파악해 두고, 이를 지원부서의 업무와 연관시킬 수 있도록 한다. 시사 상식은 면접일을 기준으로 해 한 달가량의 정치 · 경제 · 사회 · 문화적 이슈 등을 나름대로 정리해 두면 된다.

● 질문을 예상하고 답변을 미리 준비하라

최근 면접에서는 기발한 질문들이 많이 나오지만 그 내용은 대개 비슷해서 일정한 범위를 크게 벗어나지 않는다. 지원자 개인이나 주변, 시사나 전공, 지원 동기 등에 관련된 질문이 많다. 따라서 예상 질문에 대한 답변을 미리 생각하고 연습해 놓을 필요가 있다. 기발한 질문에 관해서는 특별한 준비보다는 평소 창의적 사고를 하는 훈련이 필요하다.

면접일 전까지 나만의 준비를 마쳤다면 이제 면접 당일 사소한 실수 하나도 하지 않겠다는 생각으로 다시 한 번 마지막 점검을 해야 한다.

1. 지원 회사의 소재지나 정식 명칭full name을 정확히 알고 있다.
2. 지원 회사의 주력 상품, 경영이념 등 회사 개요를 파악하고 있다.
3. 자신에 대해 3분간 막히지 않고 이야기할 수 있다.
4. 교통량과 거리, 소요시간 등을 고려하여 지각하지 않는다.
5. 면접실에서 공손한 태도와 또렷한 목소리로 이야기할 수 있다.
6. 면접위원을 편안한 마음으로 바라보며, 그들의 시선을 붙잡아 둘 자신이 있다.
7. 회사를 선택한 이유를 묻는 질문에 구체적으로 답할 수 있다.

질문을 알든 모르든 당당하게 답하라

기입 특성을 막론하고 면접을 볼 때 자주 출제되는 질문이 있다. 빈번히 나오는 질문의 유형을 좀 더 자세히 알아보자.

● **지원 동기에 대해**
· 당사에 지원하겠다고 마음먹은 것은 언제부터이며, 그 동기는 무엇입니까?
· 당사의 제품을 사용해 본 적이 있는지? 그 제품을 어떻게 평가할 수 있겠습니까?

● **업무 의식**
· 선약이 되어 있는 주말에 회사 일이 생겼습니다. 어떻게 하겠습니까?
· 본인이 희망하는 직종을 말해 보시오.

● **자신에 대한 소개**
· 5분 안에 자신을 소개하시오.
· 본인의 성격과 장단점에 대해 말해 보시오.

● **학창시절**
· 본인의 전공을 선택한 이유는 무엇입니까?

171

· 동아리 활동이나 사회봉사를 했습니까? 그 이름과 활동 내용에 대해 말해 보시오.

● 인생관
· 본인의 인생 목표가 있다면 무엇입니까?
· 10년 후의 당신은 어떤 모습일까요?

● 여성
· 결혼 후 직장을 계속 다니겠습니까? 남편이 반대한다면 어떻게 하겠습니까?
· 인사이동에 의해 해외로 발령이 난다면 어떻게 하겠습니까?

● 난처하거나 황당한 질문
· 전일 당사의 주가가 얼마였습니까?
· 인적이 드문 횡단보도에서 보행자 신호가 빨간불일 때 어떻게 하겠습니까?
· 아프리카에서 난로를 파는 방법은?
· 취업 후 집과 자동차 가운데 어느 것을 먼저 구입하겠습니까?

이런 질문을 받으면 준비한 대로 답변을 하면 된다. 이때 몇 가지를 주의해서 답변하면 면접관의 호감을 살 수 있다.

- 목소리는 너무 크지도 작지도 않게 평상을 유지한다.
- 긴장해서 말이 꼬이지 않도록 주의한다. 머릿속에서 일목요연하게 말할 내용을 정리한 후 조리 있게 설명한다.
- 면접관의 말허리를 자르지 말고, 질문이 끝나면 잠시 생각을 정리한 후 또렷한 어조로 또박또박 답변한다.
- 면접시간 동안 지원자의 발언시간이 절반 이상이 되는 게 바람직하다.
- 말끝을 흐리거나 자신감 없는 목소리는 금물이며 활기차게 말한다.
- 선(先)결론 후(後)설명 순으로 말한다.
- 접속어 사용을 자제하고, 사투리를 절대로 쓰지 않는다.
- 신중한 자세를 견지하되 유머감각을 보여 주는 것이 필요할 때도 있다.
- 올바른 경어와 외래어를 사용한다. 신세대의 경우 경어 사용에 미숙할 것이므로 면접 전에 충분한 연습을 통해 실수하지 않도록 주의한다.
- 자신을 있는 그대로 보여 준다.
- 대답하기 난처하거나 사생활에 관한 질문을 받았을 때는 10초 정도 생각한 뒤 확실한 어조로 응답 여부를 밝히고, 응답이 가능하면 "이런 질문은 예상하지 못했습니다만…"이라고 말하며 시간을 벌어 머릿속으로 답변 내용을 재빨리 정리한다.
- 3분 이내에 간략하게 이야기를 마친다.

- 본인이 좋아하는 업무의 종류와 수행능력, 이것이 지원 회사에 가져다 줄 이익 등에 대해 언급하며, 회사에 바람직하고 도움이 될 만한 재능이나 솜씨가 있으면 감추지 말고 이야기한다.
- 면접관들이 침묵하면 지원자는 계속 얘기해도 된다.
- 면접의 말미에는 지원자 자신에게 질문 기회가 부여되기도 한다. 이때는 지원자 본인도 회사의 업무 내용이나 근로 형태, 미래상 등에 대해 물어볼 수 있는데 거만한 인상을 주지 않게 조심한다.

답변을 할 때 같은 내용이라도 어떻게 말하느냐에 따라 받아들이는 효과는 사뭇 다르다. 예를 들어 "저는 광고 문안을 작성해 본 적이 있습니다."라고 답을 했다면 이를 다음과 같이 바꿔 말할 수 있다. "저는 회사의 판촉용 소책자에 넣을 상품소개 문안을 작성한 경험이 있습니다."라고 하면 좀 더 구체적인 답변이 된다. 여기에 더 살을 붙여서 "저는 회사의 판촉용 소책자에 들어갈 문구를 더욱 흥미 있고 읽기 쉽게 작성한 경험이 있습니다. 당시, 그 판촉물이 나오고 난 후 첫 1/4분기에 판매 주문이 10% 정도 늘었습니다."라고 한다면 구체적인 데다가 전문적으로 보일 수도 있다.

마지막으로 성공적인 면접을 위한 10가지 행동지침을 통해 면접 당일 당당한 모습으로 면접관의 마음을 사로잡자.

● 성공적 면접을 위한 10가지 행동지침

1. 심호흡으로 긴장을 풀자.

2. 앉으라고 하면 앉자.

3. 질문의 요지를 파악하자.

4. 열심히 듣자.

5. 2초의 여유를 갖자.

6. 결론부터 이야기하자.

7. 알아듣기 쉽게 이야기하자.

8. 말끝을 분명히 하자.

9. 미소를 잃지 말자.

10. 흥분하지 말자.

04 실패의 법칙을 비켜 가라

　　　　　취업시즌이 되면 '역대 최다 실업률' 운운하는 기사가 보는 이의 마음을 우울하게 만든다. 게다가 취업에 실패해서 자살한 구직자의 뉴스는 우울하다 못해 취업 경쟁의 비애감마저 느끼게 한다. 취업을 준비하는 사람들 가운데 90% 이상이 '취업 스트레스'를 받는다고 한다. 그중 70%가 넘는 사람들이 심각한 수준이라고 하며, 심지어 취업 스트레스 때문에 병원에 가서 치료를 받는 경우도 있다고 한다.

　취업활동에 실패한 경험이 있는 사람들은 '다시 기회를 얻을 수 있다.'라는 긍정적인 생각보다 '이제부터 백수의 길을 가는 게 아닌가.' 하는 두려움이 더 크다. 이제 취업 스트레스는 '구직병'이라는 사회적인 질병이 되어 버렸다. 다른 질병도 마찬가지겠지만 병은 걸리고 난 뒤에 고치는 것보다 미리 예방하는 것이 여러모로 낫다. 구직병을 예방할 방법은 취업하는 길뿐이다.

성공적인 취업을 하기 위해서는 뛰어난 전략과 방법을 벤치마킹하는 것도 좋지만, 실패하는 법칙을 피하는 것도 중요하다. 아무리 잘해도 단 하나를 실패한다면 말짱 도루묵이 될 수 있다.

문어발식 지원은 대표적인 실패 법칙이다. 아무런 전략이나 준비 없이 여기저기 원서만 집어넣고 무작정 기다린다는 것은 그만큼 취업을 하겠다는 의지가 약하다고 볼 수 있다. 또 이력서 하나로 복수 이상의 기업에 지원하는 것도 마찬가지다. 같은 업종이라 하더라도 회사마다 특성은 각기 다르다. 그럼에도 불구하고 매번 비슷비슷한 이력서를 낸다는 것은 한마디로 성의가 부족하다는 뜻이다. 이런 식으로 이력서를 낸다는 것은 때가 되면 어떻게든 되겠지 하고 무작정 기다리는 것인데, 취업도 다 때가 있다. 아무리 나이제한이 풀렸다고 해도 기업의 입장에서는 오랫동안 공백기가 있거나 아무런 경험 없이 세월을 보낸 사람을 좋게 볼 리는 없다.

가뜩이나 '좁은 문'인 취업을 준비하면서 처음부터 단추를 잘못 낄 수는 없다. 누구나 다 준비하는 입사지원서와 면접인데 안이하게 생각했다간 영영 백수의 길로 들어설 수 있다. 남들과 차별화된 입사지원서를 쓴다 해도 워낙 치열한 경쟁이라 마음을 놓기가 어렵다. 처음부터 착실하게 성공의 법칙으로 준비해야 한다. 그 첫 출발은 실패의 법칙을 따르지 않는 것부터 시작된다. 아무리 '실패는 성공의 어머니'라고 하지만 취업에 있어 실패는 너무나 고통스러운 결과를 초래한다. 구직병의 예방접종 주사는 바로 실패의 법칙을 비켜 가는 것이다.

실패의 법칙 1-입사지원서

취업을 준비하는 사람들의 입사서류를 보면 유독 실패를 자초하는 유형을 발견할 수 있다. 그중에서 흔히 저지르는 실수를 살펴보자.

먼저 오타와 오기다. 자신의 취업이 걸린 중요한 서류마저 오타를 남발한다면 중요한 업무를 맡기기가 꺼려진다. 약어나 인터넷 통신 은어를 사용하는 것도 마찬가지다. 중요한 문서나 계약서를 작성할 때 속어나 약어를 쓴다면 기업의 신뢰를 실추시킬 수 있다. 개인에게도 마찬가지다.

이력서나 자기소개서를 장황하게 작성했지만 개인의 목적이나 목표의식이 없다면 도대체 뭘 하겠다는 것인지 알 수가 없다. 자신의 경력 개발 계획도 제대로 표현하지 못하고 그저 열심히 하겠다는 말만 할 뿐이다. 이런 사람들은 기업에서 어떤 일에 활용할지 모를 수밖에 없다. 그러니 안 뽑는 것이다.

입사지원서를 쓸 때 실패를 부르는 문구들이 있다. "뽑아만 주신다면", "무슨 일이든 열심히" 등과 같은 문구는 감점 요인이다. 이처럼 막연한 문구보다 오히려 "성실하고 근면한", "친구가 많은" 등과 같은 긍정적인 단어를 자주 사용하는 것이 낫다.

이와 같이 실패를 부르는 입사지원서가 의외로 많다. 모두가 1차 서류전형에서 탈락할 수밖에 없는 것들이다. 대표적인 유형 5가지를 살펴보자.

● **입사지원서 실패의 5가지 유형**

1) **중복표현형**: 같은 이야기를 반복해서 늘어놓는다.

2) **군더더기형**: 이것저것 불필요한 말들을 늘어놓고, 핵심적인 내용이 적다.

3) **동문서답형**: 주제와 관계없는 이야기를 적는다.

4) **사전참조형**: 익숙지 않은 억지 표현으로 어렵게 글을 만들어 쓴다.

5) **얼버무림형**: 뭔가 이야기를 쓰다가 결론을 맺지 못한다.

이력서보다 자기소개서를 쓸 때 피해야 할 것들이 더 많다. 실패하는 자기소개서를 보면, 무슨 말을 하는지 알 수 없을 정도로 헷갈리게 썼거나 초등학생 감상문처럼 구구절절 나열하는 식으로 쓴 것이 있다. 그리고 억지로 앞 뒤 내용을 연결하거나 유치하게 작성되어 이해하기가 불명확한 것도 있다. 이밖에 추상적인 표현, 쓸데없는 격언이나 사족을 달아 초점이 흐려지는 경우도 있다. 이 모든 것이 입사지원서 실패의 법칙이다.

또 이런 사례도 있다. "저는 귀사의 제품을 몇 개나 구입해서 사용했습니다. 귀사 제품의 품질에 만족하며 직원들의 친절 또한 감사하게 생각하고 있습니다. 만약 뽑아만 주신다면 어떤 일을 맡게 되더라도 귀사와 나라를 위해 열심히 일하겠습니다."라고 썼지만 결과는 낙방이다. 지원자의 장점이나 회사의 특징에 대해 언급한 것이 없기 때문이다. 회사의 물건을 몇 개 샀다고 해서 감격해하며 합격시키는 회사는 없다.

자기소개서에는 너도 나도 사용하여 식상함을 주는 문구가 있다. 바로 "나는"으로 시작하는 문장이다. 그 외에 "뽑아만 주신다면"도 식상한 문구에 든다. 구걸하는 것도 아닌데 너무 애걸복걸하는 것 같아 싫어한다. '우등생, 반장, 1등'을 유난히 강조하는 사람은 이른바 '자뻑' 기질이 농후하다. 그 외에 "엄격하지만 자상하신 부모님의 가르침"이나 "화목한 가정의 몇 남 몇 째로 태어나", "초일류와 최고의", "무슨 일이든 열심히", "솔직히 말씀드리면", "준비된 인재", "약속 드립니다"와 같은 문구는 식상하다 못해 읽고 싶은 마음마저 없앤다. 읽어 봤자 특기할 만한 내용이 없기 때문이다.

최악의 자기소개서 1위는 "난 너무 잘났어요!"라고 쓴 것이다. 한마디로 읽는 이에게 거부감을 팍팍 심어 주는 사람이다. 2위는 '대충 쓰고 말지 뭐' 형인데 끝까지 읽을 필요를 못 느낀다. 3위는 '맨날 하는 말'이다. 개성도 없고, 장점도 부각되지 않는다.

입사지원서에서 모든 것을 다 보여 줄 수는 없다. 오히려 제한된 지면에 자기 자신을 충분히 표현할 수 없는 한계를 애초부터 인식하고 가급적 면접을 해보고 싶도록 작성해 보는 것이 좋다. 진부한 표현과 당연한 말은 쓰지 말고, 한자 및 외래어 사용에도 주의해야 한다. 그리고 자기소개서는 여백이 없도록 A4 2장 이내로 간결하게, 핵심적인 내용으로 작성한다.

실패의 법칙 2-면접

　면접관은 하루에노 수십, 수백 명의 지원자들을 만난다. 그들 모두가 조금이라도 튀어 보겠다고 기발한 생각과 독특한 행동으로 면접관의 눈에 들려고 노력한다. 하지만 과연 지원자들의 의도대로 면접관의 마음을 사로잡을 수 있을지는 의문이다. 면접관이 만나는 지원자들 중에는 꼭 채용하고 싶은 마음이 드는 사람이 있는가 하면 전혀 채용하고 싶지 않은, 아니 절대 채용해서는 안 될 것 같은 지원자도 있게 마련이다.

　채용하고 싶은 마음이 들도록 하려면 기업이 원하는 인재가 어떤 사람인지 알아 두고 이에 부합하기 위해 노력해야 한다. 한 걸음 더 나아가 면접관이 기피하는 인물형은 어떤 것이지 파악하여 자신에게도 해당되는 사항들이 있다면 반드시 고치도록 해야 한다. 먼저 실제 지원

오해	진실
면접만 잘 보면 합격이다.	면접은 필요한 사람을 뽑는 과정이라기보다 필요 없는 사람을 떨어드리기 위한 과정이다.
자신감과 성실함을 보여 주는 것이 가장 중요하다.	자신감과 성실함을 보여 주는 것도 중요하지만, 외모에서 오는 첫인상이 더 중요한 영향을 미친다. 인상 〉 복장 〉 말투 〉 논리력 〉 실력 순으로 영향을 준다.
개성 있는 사람이 면접 점수가 더 높다.	많은 기업은 보수적이며, 차분하고 깔끔한 사람, 진지한 사람을 더 좋아한다.

자들이 면접에 대해 많이 가지고 있는 오해와 진실을 표로 정리해 보았다.

이런 오해를 하고 면접을 보니 실패할 수밖에 없다. 물론 오해는 없애고 진실을 알았다고 해서 반드시 실패의 법칙을 피해가는 것은 아니다. 실패를 부르는 응시자들의 유형을 알아보자.

● 협동심이 부족하고 자기중심적인 사람

"상사와 의견이 다를 때 어떻게 해결하겠는가?"라는 질문을 던지면 뭐라고 답하겠는가? 회사는 '이윤추구'를 위해 모두가 함께 뛰는 이익집단이다. 구성원들 사이에는 원활한 의사소통과 더불어 공동체 정신과 협동정신이 요구된다. 그런데 조직 구성원 간에 융화하지 못하고 자기 고집대로만 밀고 나가는 사람이라면 기업에서는 기피할 수밖에 없다.

● 의지력이 약하고 패기가 부족한 사람

"전혀 경험이 없는 일을 맡게 된다면 어떻게 하겠는가?"와 같은 도발적인 질문을 받았을 때, 본인의 소신은 하나도 없이 소극적인 대답으로만 일관하는 사람이 있다. 아니면 아예 처음부터 자신이 없어 보이거나 작은 소리로 우물거리는 사람도 있다. 이는 결단력이 부족해 보여 감점의 요인이다. 면접관들은 무엇을 하든 자신감을 가지고 도전하는 자세와 용기를 높이 평가한다.

● 책임감이 없고 성실하지 못한 사람

"오늘 회사에 몇 시에 도착했습니까?"라는 간단한 질문에도 답을 간결하게 하지 못하는 경우가 있다. "몇 시입니다!"라고 말하면 될 것을 "몇 시에 일어나서 차를 타고 몇 시에 정류장에 내려서…"라고 구구절절 출근 동선을 이야기한다. 아무리 창의력과 모험정신으로 똘똘 뭉쳤다 하더라도 맡은 바 일을 깔끔하게 처리하지 못하는 사람은 어느 곳에서도 환영받지 못한다. 면접관에게 무슨 일을 시켜도 확실하게 마무리할 수 있는 사람이라는 확신을 심어 줘라.

● 판단력이 부족하고 지혜롭지 못한 사람

"상사가 퇴근하지 않고 그대로 자리를 지킬 경우 어떻게 할 것입니까?", "미래사회에 지도자가 갖추어야 할 자질은?"과 같이 엉뚱하거나 난처한 질문을 던지는 이유가 뭘까. 그 이유는 돌발상황에 처했을 때 지원자의 위기 타개 능력을 알아보려는 것이다. 이때는 질문의 요지를 재빠르게 판단한 후 자신의 입장을 정리해 소신 있게 이야기하는 게 바람직하다.

● 문제의식이 없고 논리적 사고력도 취약한 사람

"○○○ 로비사건에 대한 본인의 견해는?"처럼 어떤 관심사에 대한 날카로운 분석과 명쾌한 해석능력을 요구하는 질문이 있다. 면접관은 면접 당시 사회적인 핫 이슈에 대해 물어봄으로써 지원자의 사고의 폭과 깊이를 판단한다. 또한 지원자의 응답 내용이나 태도를 통해 논리적 사고력과 합리성, 발표력 등을 평가할 수 있다.

● 감각이 둔하고 창의력이 없는 사람

"아프리카에서 난로를 팔 수 있는 방법은?"과 같이 생뚱맞은 질문은 순발력과 창의력을 요구하는 것이다. 남들이 하는 대로 따라만 하는 고전답습형 인간은 어느 기업에서도 환영받지 못한다.

● 인간관계에 서툴고 성격이 모난 사람

"상사와 의견이 맞지 않아 한바탕 싸웠습니다. 어떻게 하겠습니까?"라거나 "당신의 장점과 단점은 무엇입니까?"라고 물을 때 너무 '나'만을 내세운 답변을 해서는 안 된다. 최근 기업들은 사원들이 전천후 인간형이 되기를 원한다. 독특하고 창조적인 사고를 갖출 것을 원하는 한편으로 조직에 잘 융화되는 사람을 뽑으려 한다. 기업도 결국은 인간들이 하는 것이므로 인간관계에 서툴면 일이 제대로 되지 않는다.

● 지나치게 자기 과시가 심한 사람

"자기 PR을 간단히 해보시오.", "3분 동안 자신을 소개해 보시오."라고 자기소개 시간을 주는 것은 자랑만을 하라는 것이 아니다. 지원자 자신의 능력을 보여 주고 비전을 제시해야 하는 시간이다. 솔직하고 적극적인 자세로 면접관의 뇌리에 자신을 확실히 인식시킬 수 있는 묘수를 찾아야만 한다.

● 자기비하가 지나친 사람

"특기가 무엇입니까?"라고 묻는데 별 다른 것이 없다고 이야기하는 것은 '겸손'이 아니라 '무능'이다. 겸손과 무능은 엄연히 다르다. 능력은 있지만 이를 떠벌리지 않는 것이 겸손이요, 별볼일없는 능력조차도 제대로 나타내지 못하는 게 무능이다. 면접장에서 자기비하가 지나치면 무능해 보이므로 면접 결과는 불을 보듯 뻔하다.

면접은 '대화의 시간'이다. 그런데 지원자가 너무 많으면 보통 한 명의 지원자에게 부여된 면접시간이 3~5분 남짓에 불과하다. 이 짧은 시간에 자기를 얼마나 효과적으로 어필할 것인지는 몇 주 동안 고민해도 모자랄 지경이다. 그렇다고 머리만 싸매고 앉아 있을 수는 없다. 주변의 나이 많은 친지나 선배 앞에서, 혹은 동료들끼리 모여 모의면접을 해보는 것이 가장 확실한 방법이며, 여의치 않으면 거울을 보면서 혼자서라도 연습을 해본다. 행동에서부터 대화 요령에 이르기까지 모든 경우를 가정해 보자.

면접에서 가장 중요한 질의응답 과정을 성공적으로 마치려면 다음의 몇 가지를 주의해야 한다. 면접관이 질문할 때는 끝까지 경청하고 난 후 답변한다. 중간에 면접관의 말을 가로채거나 질문을 마치자마자 바로 대답하기보다는 잠깐 생각을 정리한 뒤 분명한 어조로 대답한다. 모르면 "모른다." 알면 "안다."라고 확실한 의사표시를 하고, 얼버무리거나 변명조로 대답하지 않는다. 또한 "~ 같아요.", "에~", "또~", "저~" 등 불분명한 어휘를 남발하지 않도록 주의하며 본인의 의견을 정확하게 표현한다. 목소리를 너무 크게 하거나, 반대로 너무 작은 소리로 웅얼거려 극단적인 인상을 주지 않도록 하고, 면접관이 지루해할 정도로 수다를 떠는 것은 금물이다. 태도에도 주의하자. 발랄함을 잃지 않으면서도 매사에 신중하고 침착하게 행동한다. 간혹 엉뚱하거나 불쾌한 질문을 받았다 하더라도 일부러 떠보는 것에 불과하므로 여유 있게 대응하면 좋은 점수를 받을 수 있다.

면접은 채용의 마지막 관문이라고 했다. 어렵게 잡은 기회를 '실패의 법칙'에 빠져 허무하게 날릴 수는 없다. 실패의 법칙을 정리한 '면접의 20가지 금기사항'을 철저하게 숙지해서 마지막 관문을 넘어서도록 하자.

● 면접 시 20가지 금기사항

1) 지각하지 마라.

　　면접시험 15분 전에는 면접장에 도착한다.

2) 앉으라고 하기 전까지 앉지 마라.

　　앉으라고 하기도 전에 앉으면 무례한 사람으로 보이기 쉽다.

3) 대화 중에 옷을 매만지거나 머리를 긁지 마라.

　　침착하지 못하고 자신 없는 사람으로 보인다.

4) 수식어를 지나치게 사용하지 마라.

　　핵심이 없는 대답이 되기 쉽다.

5) 질문이 떨어지기 바쁘게 답변하지 마라.

　　2초의 여유가 필요하다.

6) 시선을 다른 데로 돌리지 마라.

7) 혹 잘못 답변하지 않았나 해서 주위를 살피지 마라.

주관이 없고 소심해 보인다.

8) 구인자(면접관)의 책상 위 서류에 집착하지 마라.

다음 질문에 대한 긴장을 놓칠 수 있다.

9) 농담하지 마라.

경망스럽게 보여 취업에 대한 의지를 의심받게 된다.

10) 답변을 장황하게 늘어놓지 마라.

질문에 대한 이해력이 부족하거나 논리적인 사고력이 결여되어
보인다.

11) 답변이 생각나지 않는다고 고개를 숙이거나 먼 산을 보지 마라.

임기응변이 부족하고 패기가 없어 보인다.

12) 답변을 얼버무리지 마라. 무기력하고 불성실해 보인다.

13) 자신 있다고 빨리, 큰소리로, 너무 많이 말하지 마라.

말의 핵심을 놓치거나 가벼운 사람으로 보일 수도 있다.

14) 구인자가 서류를 검토하는 동안에는 말하지 마라.

예의가 없고 분별력이 없어 보인다.

15) 구인자를 이기거나 압도하려 하지 마라.

자신감과 용기로 평가되기보다는 무례하고 독단적으로 보인다.

16) 면접장에 타인이 들어온다고 해서 일어서지 마라.

면접에 집중하지 않고 산만하다는 인상을 줄 수가 있다.

17) 대화를 질질 끌지 마라.

도전적인 인상을 주거나 이해력이 없어 보인다.

187

18) 연설하는 식으로, 또는 군대식으로 답변하지 마라.

2초의 여유가 필요하다.

19) 자신의 배경을 들먹이지 마라.

의타적이며 자기계발 능력이 없는 사람으로 보인다.

20) 최종 결정이 이루어지기 전까지 급여에 대해 말하지 마라.

보수가 조금이라도 많으면 다른 직장으로 금방 옮길 수 있는 사람으로 보인다.

05 약점을 당당하게 인정하라

　　취업스펙을 비교해 봐도, 남다른 경쟁력을 내세워 봐도 왠지 모를 불안감이 고개를 든다. 워낙 경쟁이 치열해서 뭘 준비해도 불안하다. 행여나 취업을 그르칠 만한 약점이 있을까 봐 조바심도 난다. 사실 약점이 없는 사람이 있을까. 일류대를 나왔고, 유학까지 갔다 온 석·박사 출신이라 해서 약점이 없을까. 누구든 약점을 가지고 있다. 중요한 것은 약점을 어떻게 생각하느냐에 따라 취업의 당락이 결정될 수 있다는 것이다.

　　자신의 약점, 즉 핸디캡은 숨길 게 아니라 인정할 줄 알아야 한다. 명문대 출신이 아니라고 해서 언제까지나 열등감에 빠져 있을 순 없다. 수능시험을 다시 쳐서 다른 대학에 들어가지 않는 한 영원히 남는 기록을 부정할 수는 없다. 학벌을 후회하기보다 현재의 내가 남들보다 나은 점을 어필하도록 노력하는 것이 더 현명한 행동이다. 체대를 졸업한 사람이 혼자 독학하여 강남의 유명한 어학원에서 억대 연봉을 받는 영어강사가 된 것도 약점에 갇혀 허우적대기보다 자신만의 강점을 개발한 사례라고 볼 수 있다.

자기소개서를 쓸 때 굳이 약점을 드러낼 이유는 없다. 어디서나 볼 수 있는 상투적인 표현과 구구절절 늘어놓은 문장들은 스스로의 약점을 드러내고 광고하는 것과 다름없다. 자기소개서는 분명 자기 광고다. 자기소개서가 길거리에 뿌려지는 광고 전단지보다 못해서야 되겠는가. 제품을 판매하기 위해 만드는 광고에서 약점을 보여 준다는 것은 스스로 제품을 팔지 않겠다는 어리석은 짓에 불과하다.

약점을 두려워해서는 안 된다. 두려워한 나머지 숨기려고만 해서도 안 된다. 어차피 과장과 허위가 아닌 이상 이력서나 자기소개서 그리고 면접에서 약점은 드러날 수밖에 없다. 나의 능력이 모자라다고 해서 주눅들 필요가 없다. 그렇다면 애당초 취업 자체를 포기해야 한다. 그보다 내가 할 수 있는 일, 나만이 가지고 있는 장점을 명확하게 표현해서 인사담당자에게 채용의 다음 단계에서 이를 확인하고 싶다는 욕구를 불러일으켜야 한다.

소크라테스는 후대의 사람들이 그를 위대한 철학자로 신격화했지만, 정작 그 자신은 본인의 약점을 잘 알고 있었다. 그가 위대한 이유는 약점에 굴하지 않고 당당하게 인정했다는 것이다. 세상에 많이 알려진 악처 콤플렉스도 그는 결코 숨기지 않았다. 그런 약점에도 불구하고 구속되기는커녕 자신의 이상을 향해 끊임없이 나아가 위대한 철학자가 될 수 있었다.

약점에 대처하는 우리의 자세

어떤 기업은 노골적으로 "당신의 약점은 무엇입니까?"라고 묻는다. 이것처럼 대답하기 곤란한 질문은 없다. 약점을 이야기하자니 좋지 않은 인상을 주지 않을까 걱정이 되기도 하고, 숨기려고 하니 나중에 약점이 드러나면 더 실망하지 않을까 해서 걱정이다. 도대체 어떻게 해야 할까?

일단 채용하고자 하는 기업의 입장에서 생각해 보자. 이런 질문을 하는 이유는 먼저 지원자가 가지고 있는 약점이 직무와 관련이 있는지 확인하기 위해서다. 당장 일을 해야 하는데 그 일과 관련된 약점이 있다면 채용하기가 꺼려지는 건 당연하다.

약점을 묻는 또 하나의 이유는 과연 지원자가 자신의 약점을 극복하기 위해 노력하고 있는지를 알아보기 위해서다. 앞서 말했지만 누구나 약점은 있다. 약점 때문에 생긴 어려움과 스트레스에 굴복하기보다 헤쳐 나갈 수 있는 사람인지 구분하려는 것이다. 이제부터 약점에 당당하게 대처하는 우리의 자세에 대해 알아보자.

● 솔직하게 인정하라

약점이 없다거나 모든 것을 열심히 하는 사람이라고 자신을 포장하려고만 해서는 안 된다. 솔직하고 담백하게 인정하라. 약점을 극복하기 위해 가장 필요한 기본이 바로 '인정'하는 것이다. 기업에서 약점을 물어본다는 것은 그 부분에 대해 뭔가 불만족스럽다는 것인데,

괜히 변명으로 일관한다면 오히려 신뢰가 더 떨어질 수 있다.

● 약점은 기회비용이다

중요한 것은 약점보다 그것을 어떻게 보완할지를 보여 주는 것이다. 약점은 어찌 보면 기회비용일 수 있다. 토익점수가 낮은 이유는 영어회화에 더 치중했기 때문이라고 말할 수 있어야 한다. 약점은 나의 무능력이 아니라 다른 장점을 가지기 위하여 어쩔 수 없이 포기한 것이라고 설명하는 편이 더 낫다.

● 약점을 강점으로 보여라

약점을 인정하고 대안을 제시했다고 하더라도 실천의지가 없으면 말장난일 뿐이다. 아무리 약점을 기회비용이라 생각해도 언젠가는 실무에서 리스크로 작용할 수 있다. 그렇기 때문에 자신의 약점을 고쳐 오히려 강점으로 바꿀 수 있다는 것을 보여 줘야 한다. 예를 들어 말이 많고 급한 성격이 약점이라면 경청의 자세를 갖추겠다고 약속하여 앞으로 강점으로 만들겠다는 의지를 피력한다. 따라서 향후 약점은 어떻게 극복하겠다는 것을 짧게나마 설명할 수 있어야 한다.

자신의 약점을 제대로 볼 수 있다는 것은 객관적인 자기분석과 평가가 가능하다는 말과 같다. 내가 부족하다고 생각하는 것을 파악하고 있고, 이를 어떻게 개선하고 발전시킬지를 보여 주면 '미래가 있는 사람'으로 보일 수 있다. 약점을 곧 기회로 인식하는 자세는 기업의 입장에서 볼 때 긍정적인 마인드의 소유자로 판단하는 근거가 된다.

약점 극복의 3가지 비법

지원자가 채용 과정에서 보여 줘야 하는 모습은 진실일 뿐, 거짓이나 과장이 아니다. 특히 면접에서 대화가 오가면 약점은 고스란히 드러나므로 달변으로 감추려고 하면 오히려 역효과가 날 수 있다. 면접에서 약점을 극복하기 위한 3가지 비법에 대해서 알아보자.

● 모의면접을 반드시 하라

면접에서의 다양한 질문과 변수에 미리 대처하기 위해 친구들과 모의면접을 하는 것은 매우 중요하다. 이때 약점에 대해서도 미리 준비하는 것이 좋다. 나의 약점이 무엇인지 노트에 정리해서 어떻게 답변할 것인가를 고민한다. 중요한 것은 개인의 성격이나 취업스펙의 약점뿐 아니라 자신이 지원한 직무와 관련하여 어떤 약점이 있는지도 파악해야 한다는 점이다.

● 역지사지의 배짱을 가져라

충분히 면접에 대비하고서도 유난히 수줍음을 잘 타거나, 떨려서 제 실력을 발휘하지 못하는 사람이 있다. 그러다 보면 약점을 극복하기는커녕 강점마저 제대로 표현하지 못해 모든 게 약점으로 보일 수도 있다. 합격 여부에 너무 연연하지 말고 편한 마음으로 자신 있게 면접관을 대하도록 하자. 그리고 면접을 받는다는 생각보다 면접관을 자신이 면접한다는 당돌한 기분으로 임한다면 차차 용기가 생길 것이다.

● **외모의 약점은 당당함과 연출로 극복하라**

보기 좋은 떡이 먹기 좋은 것은 사실이다. 외모에 대한 관심이 높아지면서 웬만한 미모가 아니고서는 명함도 못 내미는 시대가 되었다. 외모 콤플렉스는 의외로 약점이 될 수도 있다는 말이다. 그러나 모든 사람이 성형을 할 수도 없고, 또 굳이 성형을 할 필요도 없다. 첫인상의 불리함을 당당한 자세와 스타일로 극복한다면 오히려 센스 있는 사람으로 인정받을 수 있다.

약점은 당당하게 인정하고 더 나아가 그것을 극복하겠다는 의지를 표현한다면 마이너스 점수 대신 플러스 점수를 받을 수도 있다. 세상에 완벽한 인간이란 없다. 다만 모두가 완벽해지려고 노력할 뿐이다. 당황하지 않고 당당하게 임하는 것이 무엇보다 중요하다. 마지막으로 자신의 강점을 더욱 드러낼 수 있는 면접지침을 소개한다.

● **면접 합격자의 약점 극복 지침**
· 주장을 일관되게 고수하자.

- 지원 회사의 직무에 대한 상식이 풍부해야 한다.
- 대답은 상세하고 명확해야 한다.
- 나열선택형 문제는 한쪽을 선택하여 그 이유를 분명히 말한다.
- 구체적인 사례를 근거로 자신의 논리를 펼쳐라.
- 소신과 포부를 당당히 밝혀라.
- 당황은 떨어지는 지름길이다. 아는 만큼 최선을 다해 성의껏 말하는 자세가 중요하다.
- 모를 때는 질문의 의미를 되물어라.
- 자신만만한 태도로 당당하고 솔직하게 면접에 임하자.
- 평소 신문을 보고 사회현상에 대해 나름대로의 입장을 정리하는 준비가 필요하다. 시사 상식을 눈여겨보자.
- 순간의 재치가 매우 중요하다.
- 면접관이 원하는 생각이 무엇인지 연연하지 말고 자신의 생각을 또박또박 대답하자.
- 간결하고 조리 있게 말하자.
- 잘 알지 못하는 질문은 아는 데까지만 성실히 답하자.
- 인터넷에 접속해 자료를 찾아라.
- 면접시험에서 가장 중요한 것은 '얼마나 자신을 믿을 수 있는가' 하는 점이다.
- 폭넓은 시야와 발상의 전환이 필요하다.

입사한
당신을 위한
마지막 조언

PART 1

PART 2

PART 3

PART 4

PART 5

01 | 진정한 직장인으로 거듭나라

02 | 첫 월급부터 재테크를 시작하라

03 | 신입사원 6개월, 잠재력을 보여 줘라

04 | 어디에서건 인사해라

01 진정한 직장인으로 거듭나라

대학과 기업은 다르다. 그래서 대학생인 나와 직업인인 나는 달라야 한다. 대학은 시간표를 짜고 가입할 동아리를 결정하는 등 대부분의 것들이 '나'의 판단으로 이루어진다. 즉 선택권이 '나'에게 있다. 그러나 기업은 개인보다 조직이 먼저다. 즉, '나'를 버리고 '우리'를 먼저 생각해야 한다.

지금까지 살아온 환경이 '나'를 중심으로 움직였다 하더라도 사회인이 된 이상 항상 '우리'가 중심이 되어 움직인다는 것을 명심해야 한다. 또한 더 이상 '나를 위해서'를 고집해서도 안 된다. 진정한 직장인은 '조직을 위해서' 움직이는 사람이다. 직장인이 된다는 것은 자기가 속해 있는 조직의 역할을 올바르게 이해하고 궁극적으로 조직의 발전에 공헌하는 사람이 된다는 의미이기 때문이다.

이런 변화에 익숙하지 않은 새내기 직장인들은 입사 초기에 매우 혼란스러워하고 힘들어한다. 어떤 이는 "스스로의 존재감이 없는 것 같다."라는 자조 섞인 이야기를 하기도 한다. 심지어는 눈치 보는 것은 비굴해 보여서 싫고, 옳다고 믿는 것은 밀어붙여야 직성이 풀리고, 하기 싫은 일은 곧 죽어도 안 한다고 우기기도 한다. 하지만 이런 사람은 조심스럽게 사직을 생각하고 차라리 혼자 조용히 학문탐구만 해라.

물론 조직의 일원이 된 개개인은 전쟁에도 비유될 만큼의 힘든 취업 관문을 넘은 인재들임에는 의심의 여지가 없다. 하지만 조직은 개인플레이가 아닌 팀플레이가 필요한 곳이다. 개개인이 흩어져 각자의 개성을 주장하고 각자의 이익에 중심을 두면 기업은 결코 목표한 곳에 도달하지 못한다. 게다가 학교에서는 성적이 나쁘면 개인 책임이지만, 직장에서 일을 그르치면 연대책임이 주어진다. 즉 나로부터 시작하여 팀, 부서 그리고 회사 전체로 확산되어 결과적으로 고객에게까지 그 파장이 미친다.

그렇다면 이쯤에서 어떤 인식 변화를 통해 진정한 직장인으로 거듭날 수 있을지 살펴보기로 하자.

● **기업은 지각이나 결근을 용서하지 않는다**

최근 대학도 전자학생증으로 수강관리를 하고 있지만, 교수의 재량에 따라 한두 번의 지각이 결석으로 처리되지는 않는다. 그러나 직장에서 잦은 지각은 시말서 감이요, 나아가 연봉에까지 영향을 미친다. 근무태도는 개인을 평가하는 1순위 항목인 것이다.

한편, 대학은 개인사정으로 결석을 할 수 있다. 그리고 사전에 계획을 알리지 않더라도 무관하다. 잦은 결석은 문제가 있겠지만 그렇다고 퇴학을 당하지는 않는다. 그러나 직장에서는 계획된, 그리고 미리 보고된 공식적인 결근 외에는 용납되지 않는다. 특히 회식자리 후 결근은 어떤 핑계나 이유로도 설명되지 않는다. 그러니 사직서를 각오하지 않는 한 직장에서 무단결근은 꿈도 꾸면 안 된다.

● 기업은 우리의 능력에 투자하는 것이다

학교에서는 돈을 내고 교육을 받지만, 기업에서는 돈을 받고 업무를 익히게 된다. 그렇기 때문에 이렇게 배우고 익힌 것을 반드시 활용해야 한다는 전제가 붙는다. 기업에서 우리에게 월급이라는 명목으로 돈을 지불하는 의미는 개인에 대한 투자의 개념이다. 그러나 이 투자도 한없이 할 수는 없다. 기업은 일정한 시기가 지나면 '본전'을 생각하게 된다. 언제까지 공짜로 받을 생각을 하고 있다면 그건 매우 잘못된 '착각'이다.

가끔 입사과정에서 "열심히 배우겠습니다!"라고 자신을 최대한 낮춰서 평가자에게 좋은 인상을 심어 주려는 구직자들이 있다. 물론 열심히 배우려는 태도는 좋다. 하지만 기업은 학교와는 달리, 가르치고 교육시키는 것이 그 본연의 역할이 아니다. 기업에서는 조직원이 보유한 재능과 지식을 활용해 회사의 수익을 창출해 줄 것을 바란다. 열심히 배우는 것도 좋지만 열심히 회사의 수익창출에 기여하는 것이 내 역할임을 명심하라.

● '선배'와 '상사'를 구분하라

학교에서는 나보다 윗사람을 '선배'라고 부른다. 선배는 먼저 태어나고 학습한 사람, 즉 시대를 앞서가는 사람을 의미한다. 그러나 '상사(上司)'란 자기보다 계급이 위인 사람을 말한다. 만약 '평사원'인 경우라면 자기보다 위의 계급인 주임, 계장, 과장, 차장, 부장, 상무, 전무, 사장, 회장까지 모두가 '상사'가 된다.

상사와 선배의 가장 큰 차이는 계급이 발생한다는 것이다. 기업에서는 직급에 따라 대우나 혜택이 달라지며, 공유되는 정보에도 차이가 발생한다. 신입사원들 중에는 이 '계급'의 의미를 이해하지 못해 혼란스러워하는 경우가 많다.

상사에게는 행동 하나하나에도 예절을 갖추는 것이 좋다. 예컨대 악수를 할 때도 상사가 먼저 손을 내밀고 아랫사람이 그에 응해야 한다. 이때 아랫사람은 악수하면서 허리를 약간 굽혀 경의를 표하는 것이 좋다.

● 이제는 유능한 직장인으로 포지셔닝할 때

우수하고 유능한 학생이 되는 길은 쉽다. 아니, 단순하다. 누구보다 열심히 책을 파고 시험에서 좋은 성적을 받으면 된다.

하지만 유능한 직장인이 되는 길은 이보다 더 어렵고 복잡하다. 자신 앞에 주어진 것만을 묵묵히, 그리고 열심히 수행한다고 해서 유능한 직장인이 되지는 못한다. 유능한 직장인이 되기 위해서는 남들이 하는 일은 기본으로 해내야 하고, 더불어 그들이 못하는 일까지 척척

해낼 수 있어야 한다. 게다가 회사에 도움이 되는 아이디어를 개발해 그것을 측정 가능한 결과물로 도출해야 한다.

그러기 위해서는 누구보다도 빨리 조직의 분위기에 익숙해져야 하고, 조직의 전체적인 시스템을 한눈에 파악할 수 있는 폭넓은 안목을 갖춰야 한다.

● '친구' 보다는 '조직원' 을 따르라

"오늘 회식한다. 다들 괜찮지?"라는 상사의 질문에 곧이곧대로 "저, 오늘 친구랑 약속 있는데요."라고 말하는 신입사원은 절대 유능한 직장인이 되지 못한다. 직장인이 되었음에도 불구하고 여전히 친구들을 우선으로 챙긴다면, 이는 본인의 활동 무대가 회사로 바뀌었음을 아직도 인식하지 못하고 있다는 말과 같다.

입사 이후 처음 얼마간은 퇴근 이후의 시간도 회사에 헌납하는 것이 좋다. 팀이나 부서별로 공식·비공식적인 환영회가 있을 수 있고, 선배나 상사와의 개인적인 미팅이 잡힐 수도 있다.

● 유능한 멘토를 두고 성장하라

우리가 다양한 분야의 책을 읽는 것은 그 모든 것을 다 경험하고 깨닫기에는 한계가 있기 때문이다. 회사생활도 마찬가지다. 경험하고 부딪히면서 얻는 지식과 지혜가 가장 바람직하겠지만 시간을 비롯한 모든 여건이 우리가 그것들을 경험하기에 충분하지 않다. 그래서 필요한 것이 멘토다.

업무에 대한 풍부한 경험과 전문지식을 가진 조직의 선배를 멘토로 두고 정기적으로 업무나 사회생활에 관한 고민을 나누어라. GE의 잭 웰치 전 회장도 전문경영인으로 성장할 때까지 수많은 멘토의 도움을 받았다고 한다. 존경하는 사람이나 닮고 싶은 상사에게 멘토가 되어 달라고 부탁해 보자. 그들 역시 신입 때의 기억을 떠올리며 흐뭇한 미소로 응할 것이다. 각 분야의 전문가를 찾아 여러 명의 멘토를 두는 것도 좋다.

02 첫 월급부터 재테크를 시작하라

　　길고도 힘들었던 취업 전쟁에서 승리한 내 손에는 '첫 월급'이라는 묵직한 전리품이 쥐어져 있다. '과연 이 돈을 어떻게 쓰면 잘 썼다고 소문이 날까?' 아주 짧은 시간이겠지만 많은 고민에 빠져들게 된다.

　모 회사의 신입사원 입문교육에서 '성공하는 직장인의 조건'이라는 제목으로 특강을 했을 때의 일이다. 높은 경쟁률을 뚫고 어렵게 '기회'를 얻은 사회 초년생들이라 그런지 그들의 눈빛에서는 남다른 열의가 뿜어져 나왔다. 나는 그들에게 "첫 월급을 받으면 어떻게 쓸 것인가?" 하는 질문을 던졌다.

　"예. 그동안 취업 준비하느라 스트레스가 이만저만이 아니었습니다. 친구들과 술을 한번 진탕 마셔 보겠습니다."

　맨 앞줄에 앉은 남자 직원의 대답이 끝나자마자 사람들의 웃음이 강의실을 채운다. 그리고 이내 곳곳에서 "나도!"라는 소리들이 들려왔다.

"그래요! 좋습니다. 자 이번엔 가운데 줄에 앉은 아리따운 여자분께 질문하죠. 첫 월급을 받으면 어떻게 쓰실 건가요?"

"그냥, 엄마 드리려구요. 그동안 제 뒷바라지하시느라 고생이 많으셨거든요."

"네. 그렇군요. 자, 다른 분은요?"

질문이 떨어지자 여기저기서 자신만의 계획들을 두서없이 쏟아냈다. 물론 이러한 마음을 십분 이해하고도 남는다. 첫 월급을 받으면 그동안 신세를 졌던 사람에게 작은 선물을 하거나 거하게 식사 대접, 술 대접을 하고 싶은 것이 사람의 마음이다. 또 백수 시절 너무나 갖고 싶었던 것들을 '지를' 수 있는 절호의 찬스다. 하지만 마음 가는 대로 돈을 써대다간 한 달 월급이 동이 나는 것은 순식간이다. 이처럼 계획에 없는 지출은 자칫 돌려 막기의 악순환으로 이어질 수 있다. 다시 말해 원치 않는 '카드 인생'이 시작될 수 있다는 말이다.

장기적인 계획을 세워라

간혹 보면 월급을 받아 부모님께 드린다는 사람이 있다. 물론 그것도 나쁘지는 않겠지만 성인이 되고 사회인이 된 이상, 경제적으로 독립하는 것은 물론이고 스스로 인생을 개척해서 살아야 할 때다. 월급의 일정 부분을 떼어 부모님께 용돈을 드린다면 모르지만 전액을 부모님께 드리고 다시 용돈을 받아서 쓴다는 것은 무리가 있는 설계다.

월급을 받는다는 것은 단순히 돈을 버는 것과는 차원이 다르다. 매월 일정한 돈이 들어오는 만큼 그 용도에 대해서도 치밀한 계획과 전략이 수반되어야 한다. 그리고 이러한 계획은 첫 월급이라고 해서 예외를 둬서는 안 된다. 첫 월급의 계획이 인생을 바꾼다.

인터넷이나 책을 통해 다양한 월급 재테크 방법을 살펴본 후 자신의 상황에 맞는 방법을 선택하면 된다. 금융기관에 따라 처음 사회에 나오는 직장인을 위한 재테크 설계 상품이 있는 곳도 있다. 자신이 버는 액수에 따라 지정한 기한까지 일정 정도의 목돈을 확보하는 다양한 전략을 살펴보자.

● 재테크의 기본은 아끼는 것이다

소비를 조절할 줄 아는 절제야말로 돈을 모으고 불리는 재테크의 기본이다. 제아무리 재주가 좋아도 굴리고 불릴 만한 종자돈이 없다면 그림의 떡이나 마찬가지다. 이자수익을 올리고 투자수익을 기대하기 이전에 불필요한 소비를 줄이는 절제부터 배우자.

● 저축과 소비의 비율을 미리 정해 두라

향후 5년 안에 결혼 계획이 있다면 최소 월급의 50%는 저축을 생각해야 한다. 요즘은 적금통장이나 펀드계좌가 있는 야무진 대학생들도 적지 않다. 이들은 대학시절부터 아르바이트를 통해 정기적인 저축을 유지한다. 당장 눈앞의 유희보다는 먼 미래를 내다보는 것이다. 하물며 꼬박꼬박 월급을 받는 직장인이 된 이상 저축은 필수다. 당장의 쾌락에 빠져 저축을 뒷전으로 미룬다면 이는 불투명한 미래에 한숨 내쉬는 백수와 진배없다.

● 내 집 마련의 첫걸음, 청약통장 가입

누군들 아들 딸 결혼할 때 한밑천 안 떼어 주고픈 부모가 있겠는가. 하지만 당신들의 노년을 걱정하기에도 버거운 세상이다. 부모님의 축 처진 어깨에서 짐을 덜어 드리고 한숨 소리를 줄여 드리기 위해서라도 결혼, 나아가 내 집 마련의 계획까지 차근차근 세워 가자. 계획은 구체적일수록 좋다. 청약통장의 종류를 미리 알아본 뒤, 자신의 구체적 계획에 가장 적합한 상품을 선택해 준비하면 된다.

● 재테크도 공부하고 연구하라

경제가 힘든 만큼 재테크를 생각하는 사람들이 늘고 있다. 현재의 벌이로는 저축은커녕 오르는 물가를 감당하기에도 버겁기 때문이다. 조금이라도 돈을 굴려 투자의 맛을 보기를 원한다면 끊임없이 공부하고 연구하라. '세상에 공짜는 없다'는 말처럼 눈 먼 돈은 없다. 1만 원짜리 재테크 서적 한 권을 사서 읽으면 몇 십만 원, 아니 몇 백만 원 이상의 수익을 거두는 노하우를 섭렵할 수 있다. 투자의 대가들은 운보다는 스스로의 노력을 훨씬 더 믿는다.

● 절세상품을 적극 활용하라

기왕 적금을 넣고 펀드에 가입할 거라면 한 푼이라도 더 수익을 내야 한다. 그런데 수익률을 높이는 것 못지않게 세금을 줄이는 것도 중요하다. 상품의 종류에 따라 비과세 · 절세 · 소득공제 상품들이 있다. 예컨대 장기주택마련저축(펀드)은 7년 이상의 장기 금융상품으로 납입액의 40% 범위 내에서 연간 최고 300만 원까지 소득공제를 받을 수 있고, 만기 시 이자에 대해서 비과세 혜택까지 누릴 수 있으므로 우선 가입 대상이다.

● 노후준비, 빠르면 빠를수록 좋다

취업이 힘들어진 만큼 정년도 빨라졌다. 결국 안정적으로 월급을 받을 수 있는 기간이 대폭 줄어들었다는 말이다. 그에 반해 의학의 발전 등으로 평균수명은 늘어났다. 이는 마냥 즐거워할 일만은 아닌 듯하다. 결혼하고 아이가 생기면 교육비 등의 명목으로 나가는 돈이 만만찮다. 그러다 보니 정작 노후준비는 뒷전으로 미루게 되는 것이 현실이다.

서글픈 노후를 맞이하고 싶지 않다면 첫 월급부터 일정부분을 떼어 자신의 노년을 위해 준비해 둬라. 노후를 준비할 상품으로는 연금이 단연코 좋다. 장기적 투자이다 보니 이율이나 수익률이 만만찮고 연간 일정 금액을 소득공제도 해준다.

● 인생의 태클을 피하고 싶다면 보험은 필수다

살다 보면 뜻하지 않은 시기에 예상치 못한 방법으로 삶이 태클을 걸어 온다. 크고 작은 사고, 질병 등을 단지 운명으로 돌리기엔 그 뒷감당이 버겁기만 하다. 유비무한이라고 했다. 뭐든 단단히 준비를 해 둔다면 그 충격도 훨씬 덜하다. 재해와 질병에 대비한 보험 하나씩은 기본으로 들어 두어야 한다.

03 신입사원 6개월, 잠재력을 보여 줘라

주름 쫙 세워진 셔츠에 멋들어진 양복을 입고, 서울의 전경이 내려다보이는 고층빌딩에서 문서를 휘날린다. 외국인들이 가득 찬 회의실에서 멋지게 프레젠테이션을 하고 수억 원의 협상을 한다. 누구나 그리는 직장인의 이미지다. 대학을 졸업한 후 멋진 직장인으로 변한 나를 생각하는 것만으로도 흐뭇한 미소가 절로 나온다.

대학생들이 생각하는 직장인의 모습이 이렇게 멋지고 의젓하듯 상사도 신입사원이 들어오면 많은 기대를 하게 된다. 상사가 생각하는 신입사원은 매사에 적극적으로 임하는 열정은 기본이고, 좋은 인성을 갖추고 상사에게 예의바르게 행동한다. 그리고 자신이 맡은 일에 대해 끝까지 책임질 수 있는 책임감도 있어야 한다.

직장인과 대학생의 다른 점은 책임감이다. 조직은 나를 포함한 유기체다. 내가 게으르게, 무책임하게 행동하면 조직 전체가 해를 입는다. 리포트를 안 쓰고, 시험을 땡땡이친 결과가 나 한 명의 학점을 망치는 것으로 끝나던 대학생 때와는 분명 다르다. 주어진 업무를 제대로, 성실히 하지 못하면 나 자신의 무능함을 원망하며 "이렇게 상사 눈치나 보느니 차라리 직장을 옮기고 만다!"라는 결심을 하게 될지도 모른다. 하지만 회사에 손해를 끼쳤다는 꼬리표는 이직을 한다고 해서 떨어져 나가는 게 아니다.

준비된 신입사원으로 거듭나라

신입사원이 입사 후 당장 1억 원, 2억 원짜리 계약을 따내거나, 신기술을 개발할 수는 없을 것이다. 하지만 사람과 사람이 하는 일인지라, 직장 상사에게 어떤 모습을 보여 주느냐에 따라 나에게 엄청난 기회가 주어질 수 있다. 준비하는 사람에게는 반드시 좋은 결과가 따르게 마련이다. 작은 것 하나라도 놓치지 않는 준비된 신입사원으로 거듭나기 위한 전략을 알아보자.

● 어금니를 꽉 깨물고 일어나라
아침형 인간이라는 책이 히트를 친 적이 있었다. 그 책이 히트를 치던 시절 1분 단위로 모닝콜 릴레이를 해주는 카페가 생겼고, 새벽 첫차를 타고 출근하는 직장인들이 늘었다. 당시 한 논문이 발표되었는데, 그 논문의 주제는 바이오리듬상 아침형 인간이 될 수 없는 사람들의 특징을 분석해 놓은 것이었다. 이 논문 덕에 자신은 선천적으로 아침형 인간이 될 수 없다며 스스로를 위로한 사람들도 있었다.

주말이면 발바닥에 땀이 나도록 클럽을 순회하던 대학생이 백수의 날개를 접고 직장에 입사했을 때 가장 힘겨워하는 것은 주말과 주중의 시차 적응이다. 새벽 3~4시까지, 마치 내일은 다시 오지 않을 듯 신나게 놀다가 다음날 출근을 위해 새벽 6시에 일어나려면, 그야말로 어금니를 꽉 깨물고 두 주먹을 불끈 쥐어야 한다.

직장인이 된 이상 가급적 출근에 지장이 갈 정도의 음주가무는 자제해야 한다. 업무시간 전에 출근하여 조간신문을 스크랩하고 하루 일과를 계획하는 사원과 지각 1분 전에 헐레벌떡 뛰어 들어오는 신입사원 중 누구에게 기회를 더 주고 싶을지 말하지 않아도 답이 보일 것이다.

● 뾰족 구두를 신고, 바지 주름을 세워라

'얼짱 CEO'로 손꼽히는 헤드헌터 Y대표를 처음 봤을 때, 나는 놀라지 않을 수 없었다. 한마디로 너무 젊어 보였다. 아니, 이미 쉰을 넘긴 그녀에게서 20대 젊은 청년 못지않은 열정과 패기를 보았다는 것이 좀 더 정확한 표현일 것이다. 알고 보니 그녀는 자신의 이미지를 관리하기 위해 매일 아침 5시 30분에 일어나 1시간 정도 아침운동을 한다고 했다. 그리고 퇴근 후에도 별다른 일정이 없으면 헬스클럽에 가서 운동하는 것을 원칙으로 한단다. 이처럼 업무뿐만 아니라 자기관리까지 철저한 그녀이기에 기업인은 물론이고 일반인들에게도 신뢰를 주는 여성 CEO로 자리 잡을 수 있었던 것이다.

비단 Y대표만이 아니다. 사회에서 어느 정도 성공 가도를 달리고 있는 사람들의 공통적인 특징이 있다. 그들은 어느 누가 보아도 멋져 보인다. 한마디로 '포스'가 보통이 아니다. 비싼 양복에 '신상' 구두를 신고 출근하라는 것이 아니다. 직장인으로 준비되어 있다는 인상을 풍겨야 한다. 상사가 중요한 회의에 함께 가자고 했을 때, 옷차림 때문에 망설여지지 않도록 항상 신경을 쓰도록 하자. 더불어 외모를 가꾸는 노력도 아끼지 말자. 타고난 인물이야 어쩔 수 없다지만 몸매는 본인 스스로의 책임이다. 툭 튀어나온 배와 터질 듯한 얼굴은 그 사람의 능력 자체를 의심스럽게 만든다. 몸도 정신도 언제나 샤프한 감각을 유지할 수 있도록 자기관리에 끊임없는 노력을 쏟아야 한다.

● 나서기 이전에 충분히 듣고 보고 관찰하라

신입사원이 회의에 들어가면 하고 싶은 말이 목구멍까지 차오른다. 아니 대체 왜 이런 생각은 못하는 건지, 좀 더 적극적으로 밀고나가지 못하는지 답답하기만 하다. 같은 주제를 놓고 대학생과 직장인에게 아이디어를 제시하라고 한다면, 대학생들로부터 기발한 아이디어가 훨씬 많이 나온다. 기업에서 대학생을 대상으로 공모전을 하는 이유이기도 하다.

하지만 현실과 이상은 다르다. 기업은 그 아이디어를 실현시키기 위해 현실적으로 고민해야 하는 일이 너무도 많다. 그렇기 때문에 아이디어만으로는 회의테이블에서 환영받지 못할 수 있다. 입사 6개월 가은 천방지축 나서기보다는 일단 사수가 하는 일을 잘 보고 배워야 한다. 번뜩이는 아이디어보다는 면밀한 관찰과 분석이 우선이라는 말이다.

● 각 분야의 전문가를 활용해 멀티플레이를 하라

'레오나르도 다빈치'의 이름 앞에 붙는 수식어는 수도 없이 많다. 그는 그림도 그렸지만 로봇도 만들었고, 전쟁을 위한 탱크도 제작했다. 모든 분야에 뛰어난 능력을 갖추고 있었고, 실제로 다양한 분야에서 기발한 발상으로 많은 결과물들을 탄생시켰다. 요즘 말로 하면 멀티플레이가 가능한 '만능맨'이다.

그런데 그가 21세기를 산다 해도 그처럼 '만능맨'일 수 있을까 하는 의심이 든다. 물론 그의 천재성을 의심하는 것은 아니다. 하지만 요즘처럼 모든 것이 풍부한 시대에 새롭고 기발한 창조물을, 그것도 다방면에서 만든다는 것은 부족한 것이 많았던 그 옛날보다 몇 곱절은 더 힘든 일이다.

나올 만한 멜로디는 다 나왔다며, 더 이상 만들 수 있는 새로운 멜로디가 없다고 가수들이 외친다. 완전히 새롭다고 할 만한 발명품도 이제는 없다고 한다. 결국 누군가 발명한 것을 변형하고 보완하여 좀 더 편리하게 발전시킬 뿐이다. 그러기 위해서는 그 분야에 대한 전문 지식 없이는 힘들다. 그래서 21세기는 전문가의 시대라고도 하는 것이다.

내가 관심 있어 하는 부분에 확실하게 꽂혀라. '레오나르도 다빈치'의 흉내를 내느라 이것저것 다 해보다가는 죽도 밥도 아닌 신세가 된다. 하지만 그의 '멀티플레이어' 정신만은 이어받아야 한다. 전문성을 가지라면서 멀티플레이어가 되라니? 다소 모순적인 말처럼 들릴 테지만 가능한 일이다. 바로 각 분야의 전문가들을 알아 두는 것이다. 그들의 전문성을 활용한다면 충분히 멀티플레이를 할 수 있다.

● 고3처럼 공부하라

직장인에게도 공부가 필요하다. S전자에 다니고 있는 생산직 D씨의 수첩엔 항상 영어 회의 내용이 적혀 있다. 업체 특성상 인도네시아에 용역을 주는 경우가 많아, 인도네시아인들과 회의가 많기 때문이다. 얼마 전부터 D씨는 중국어 학원에도 다니고 있다. 2년 만에 후임이 들어왔는데 그가 중국인이라는 게 그 이유다. 물론 영어로 대화를 하지만, 예의상 중국어 인사는 해줘야 한다며 업무 이후 중국어 학원에 다니는 것이다.

자기 업무만 하다 보면, 관련 분야에 대한 새로운 지식을 얻기가 쉽지 않다. 굳이 새로 나온 지식에 눈을 반짝이지 않아도 해야 할 일을 하면 돈을 주는 곳이 직장이기 때문이다. 하지만 몇 년 후 해당 업계의 새로운 트렌드를 알고 3개국어를 하는 유능한 신입사원의 눈치를 보고 싶지 않다면 고3처럼 공부해야 한다. 저녁시간 회식이나 술자리를 쫓아다니기에 앞서 각종 사내외 강좌를 듣고, 외국어를 공부해두라.

● 열심히 그리고 제대로 일하라

석유왕 존 폴 게티는 "나의 성공 비결은 일찍 일어나 늦게까지 일하다가 우연히 석유를 발견한 것뿐이다."라고 했다. 일찍 출근하고 늦게까지 근무하는 직원을 눈치 주는 회사가 있을까? 물론 남들보다 더 많은 일을 하겠다면야 그것을 마다할 회사는 없다. 하지만 남들과 같은 일, 혹은 남들보다 못한 일을 하면서 시간만 질질 끈다면 이는 미운털이 박히고도 남을 일이다. 열심히 하되, 제대로 해야 한다.

제대로 하기 위해서는 모르는 것은 솔직히 묻는 자세가 필요하다. "이거 이러면 되는 건가? 아닌가?"라며 혼자서 끙끙댈 것이 아니라 상사나 선배에게 적극적으로 묻자. 단, 묻는 것에도 요령이 있다. "이거 어떻게 하는 건가요?"보다는 "이게 이렇게 하는 게 맞나요?"가 낫다. 그리고 좀 더 적극적으로 "이것을 해결하기 위해 제가 A, B, C를 해보았는데, 이중에서 선배님은 어떤 게 가장 나아 보이나요?"라고 묻는 방법도 있다. 문제를 해결하기 위해 심사숙고한 점도 높이 평가받겠지만, 무엇보다도 선배에게 선택권을 준다는 점에서 선배는 만족스런 웃음을 지으며 자신의 모든 노하우를 전수해 줄 것이다.

04 어디에서건 인사해라

신입사원의 능력 평가 기준은 무엇일까? 물론 돈을 잘 벌어다 주는 것이다. 왜냐하면 기업이 조직원에게 궁극적으로 바라는 것은 성과, 즉 이윤을 획득해 주는 것이기 때문이다. 그렇다면 혼자서 10명의 역할을 해내는 사람은 정말 능력 있는 사람일 것이다. 그런데 만약 그가 조직원 100명의 의욕을 떨어뜨린다면 그래도 그 사람이 능력 있는 사람일까?

"저 사람만 보면 일할 맛이 안 나!"

조직원 모두가 흥이 나서 일을 해도 이 난국을 헤쳐 나갈까 말까인데 누군가 그들의 사기를 떨어뜨리고 있다면 그를 '공공의 적'이라 불러 마땅하다. 기업에서 조직원 개개인이 홀로 성과를 올리기란 힘들다. 결국은 부서끼리, 그리고 조직원들끼리 수레바퀴 맞물리듯 각자의 역할을 잘 수행해야 비로소 성과로 이어질 수 있다.

선천적으로 악한 사람은 드물다. 흔히 "알고 보면 그 사람도 좋은 사람이야."라는 말을 한다. 하지만 그 '알고 보면'이 되기까지 우리는 그 사람을 보이는 그대로 해석하게 되어 있다. 사람과 사람 사이에 상대를 평가할 수 있는 잣대는 결국 그 사람의 말 한마디, 행동 하나, 즉 가장 기본적인 것들이다.

"그 사람은 다 좋은데 기본이 안 돼 있어!", "그 사람은 정말 싸가지가 없어!"라는 말을 흔히 한다. 이때 우리가 말하는 '기본'이나 '싸가지'라는 것은 인간이 인간에게 갖추어야 할 가장 기본적인 예절(禮節)을 말한다. 여기서 예(禮)란 인간이 지켜야 할 규범이며, 절(節)이란 규범을 따라 실행하고자 하는 행위를 말한다. 그래서 예절이란 인간이 수천 년을 살아오면서 인간관계를 원만히 하고 사회생활을 원활하게 하기 위해 만들어 낸 산물이라고 한다. 즉 사회를 밝고 건강하게 유지해 주는 기본이다.

인사 잘하면 자다가도 떡이 생긴다

예절의 기본은 인사다. 어디서든 인사만 잘해도 50점은 먹고 들어간다는 말이다. 능력이 조금 모자라도 언제나 생글거리며 인사를 잘한다면 그 사람에게 대놓고 싫은 소리를 할 사람은 없다. 물론 업무적인 측면에서 '선의의 조언'이야 있을 수 있겠지만 그 사람의 인간성을 욕할 사람은 없다는 말이다.

하지만 제아무리 업무능력이 뛰어난 사람이라 할지라도 윗사람을 보고 소 닭 쳐다보듯 눈만 꿈뻑일 뿐이라면, 그리고 동료를 보아도 뭐 씹은 표정만 짓고 있다면 누가 그를 예뻐하겠는가. 특히 이제 갓 들어온 새파란 신입이라면 이는 '찍히기' 딱 좋은 대상이다. 실제로 한 취업 포털사이트의 조사에서 '직장인들이 싫어하는 유형의 부하 직원' 1위가 인사도 잘 안 하고 예의가 없는 '무례형'이라는 결과가 나오기도 했다.

사람은 혼자 살 수 없는 존재이다. 결국은 누군가와 더불어 살아야만 자신의 존재가치를 인정받을 수 있다. 때문에 예절은 타인에 대한 배려이기 이전에 나의 가치를 인정받을 수 있는 가장 기본적인 행위다. 중국의 유교경전 중 하나인 『예기』에는 "앵무새가 아무리 말을 잘한다고 해도 새일 뿐이고, 원숭이가 아무리 흉내를 잘 낸다 하더라도 역시 짐승에 지나지 않는다. 사람 또한 아무리 훌륭한 말을 한다고 해도, 사람으로서 갖추어야 할 예를 갖추지 못한다면 앵무새나 원숭이와 다를 것이 무엇이 있겠는가."라는 구절이 있다. 그래서 우리는 인간으로서의 기본을 검증하기 위해서라도 예절, 그중에서도 특히 인사를 챙겨야 한다.

이런 생각은 직위가 높아질수록 더할 것이다. 내가 재직하고 있는 직장도 마찬가지다. 나 역시 누구보다 철저하게 인사와 시간 엄수에 대해 명확한 기준을 제시하고 지속적인 참견을 한다. 그래서 깐깐한 상사로 소문이 나기도 했지만 나는 그것이 결코 잘못된 것이라 생각하지 않는다.

인사만 잘해도 누워서 떡이 생길 수 있다. 실제로 인사를 잘해서 계약직에서 정규직으로 발령이 난 경우도 있다. 몇 년 전 우리 회사는 내부에서 추진하던 정부위탁사업 확장으로 계약직 직원을 충원했다. 단순 계약직무라 학력이나 업무 경험에 그다지 비중을 두지 않고 채용을 진행하고 있었다. 그런데 누가 보더라도 한눈에 들어오는 이력의 지원자가 있어 눈여겨보았더니 하필이면 29세로 계약직 신입으로 채용하기에는 좀 많은 나이였다.

물론 나이가 많다는 것이 흠은 아니다. 하지만 G씨의 경우처럼 다소 많은 나이에 신입으로 입사하다 보면 자신보다 나이가 적은 선배나 상사를 대해야 하는 경우가 더러 생긴다. 특히 2개월 전 G씨보다 나이가 어린 H씨가 동일한 업무를 하는 정규직 사원으로 채용이 된 상태라 여간 신경이 쓰이는 것이 아니었다. 이런저런 걱정이 있었지만 그의 이력이 탐이 났던 나는 먼저 유선을 통해 그에게 면접 의향을 물었다. 그는 적극적으로 입사 의지를 보였고 면접을 통과하게 되었다.

드디어 채용을 확정하고 첫 출근을 한 날, 나는 누구에게나 그랬던 것처럼 그에게도 인사와 출근시간에 대한 당부의 말을 했다.

"직장에서는 먼저 입사한 사람이 선배입니다. 그렇기 때문에 선배님이란 호칭을 반드시 해야 합니다."

"예. 알겠습니다!"

G씨는 누가 들어도 경쾌하리만큼 의욕적인 목소리로 대답을 했다.

1주일이 지날 무렵이었다. 출근 후 업무 준비를 하던 G씨가 자리에서 벌떡 일어서더니 출근하는 H씨를 보고 정중하게 "선배님, 안녕하세요?"라고 인사를 했다. 막상 지시를 하기는 했지만, 솔직히 그 정도일 거라고는 생각지 않았다. 자신보다 나이 어린, 그것도 불과 입사 2개월 선배에게 그렇게 깍듯하게 인사하기란 쉽지 않을 텐데 말이다. 이후 G씨는 3개월이라는 시간 안에 정규직으로 발탁된 유일한 선례를 남겼다. 인사란 이처럼 인간과 인간 사이의 벽을 깨는 역할을 넘어 상대의 마음을 움직일 수 있는 커뮤니케이션의 역할까지 한다.

인사는 최고의 이미지 메이킹이다

인사는 나의 이미지를 상대에게 본래보다 더 좋게 보이도록 할 수 있는 좋은 이미지 메이킹 도구다. 잘생긴 사람, 멋있는 사람만 좋은 인상을 연출할 수 있는 것이 아니다. 인사야말로 자기 본연의 고운 모습을 더 진실하게 전달하고 나아가 그 이상의 효과를 낼 수 있다. 따라서 상대에게 호감을 사기를 원한다면 언제 어디서든 인사를 해라.

인사나 칭찬은 지나치다 싶을수록 좋다. 물론 "저 사람 너무 심한 거 아냐?"라는 평이 돌아올 수도 있지만 그런 말을 하는 사람들의 대부분이 입가에 기분 좋은 미소를 머금고 있다는 것을 알면 그리 걱정할 문제가 아니다.

선천적으로 소심하거나 내성적인 사람들에겐 인사도 쉬운 것이 아니다. 마음은 굴뚝같은데 막상 그 마음이 입으로 튀어나오지 않는 경우가 많다. 그럴 때는 연습을 해라. '천상의 미소'라 일컬어지는 스튜어디스의 미소도 그냥 나오는 것이 아니다. 그들은 하루에 적게는 몇 십 분, 많게는 몇 시간씩 웃고 인사하는 연습을 한다.

똑같은 인사말인데도 높고 경쾌한 톤의 "안녕하세요?"는 듣는 이로 하여금 엔도르핀이 돌게 만든다. 반면 낮고 축 처진 목소리로 하는 인사는 엎드려 절 받는다는 생각이 들어 기분이 개운치 않다. 거울을 보며 미나리, 개나리, 보따리, 위스키를 연습해라. 그러다 보면 어느새 환하게 웃으며 인사하는 스스로의 모습이 자연스러워질 것이다.

또한, 인사는 타이밍이다. 상대가 누구든, 그가 먼저 하기를 기다리기보다 내가 먼저 해야 진가를 발휘한다. 가장 좋은 시간이 아침 출근시간이다. 누구보다도 먼저 출근해라. 그리고 뒤이어 들어오는 모든 사람에게 "안녕하세요?", "좋은 아침입니다!"라며 기분 좋은 하이톤의 인사를 건네라. 경쾌한 목소리로 인사한다면 상대방도 덩달아 기분이 좋아진다.

가급적 다양한 인사말을 연구해라. 상대의 마음을 사로잡는 인사말 한마디가 경쟁력이 된다. 인사에도 T.P.O가 있다. 시간과 장소, 상황에 맞는 인사로 상대를 기분 좋게 함은 물론이고 나를 어필할 수도 있다. 직장에서 우리를 유쾌하게 하는 사람은 똑똑하고 자격증이 많으며 영어 잘하는 사람이 아니다. 때와 장소에 걸맞게 인사할 줄 알고 항상 웃으며 성실하게 생활하는 사람이다. "부탁합니다.", "수고하셨습니다.", "정말 대단합니다.", "감사합니다." 등의 다양한 인사말을 익히고 생활화하자.

　인사는 인간관계의 시작인 동시에 평가의 기준이 되기도 한다. 누구나 처음 시작할 때는 인사도 잘하고 시간도 잘 지키는 모범적인 사람일 수 있다. 하지만 이 모든 것을 지속하기란 쉽지 않다. 시간이 흘러도 늘 처음처럼 상대를 존중하고 배려하는 나의 모습을 보여 주자. 한마디의 인사가 황금으로 만든 명함보다 더욱 빛난다는 것을 명심하자.